GUÍA DEL TERCER OJO EN ESPAÑOL

Todo lo que Querías Saber para Despertar y
Activar el Tercer Ojo

FELIX WHITE

Índice

Introducción

Existe una gran mina de oro sin descubrir dentro de cada uno de nosotros, un enorme tesoro que puede desafiar toda tu imaginación. Aquellos que eligen descubrir este tesoro atraviesan una serie de transformaciones que duran toda la vida. Esta clase de personas únicas se dan cuenta de que un conocimiento profundo, el bienestar mental y emocional, y una felicidad perdurable no son cosas que se obtienen por medio del mundo exterior, sino que se consiguen por medio de la fuerza interna que reside en nosotros. Esta es la fuerza de los centros de energía a la que se conoce como chakras y, en específico, al chakra del tercer ojo.

Para lograr liberar esta energía interna debemos despertar y darle poder al chakra del tercer ojo, también conocido como #el ojo del conocimiento", "el ojo de la mente" o "el ojo interior".

En la mayoría de las personas, el tercer ojo permanece dormido y así permanece a lo largo de sus vidas a menos que ellos lo abran de forma voluntaria.

Una vez que hayas aprendido a despertar tu tercer ojo te vas a dar cuenta de que has ido por la vida medio ciego. Vas a ver y experimentar la vida desde una perspectiva radicalmente diferente.

Por ningún motivo, esto no es ningún descubrimiento innovador, aunque es algo relativamente nuevo en la cultura occidental, la cual sigue considerando las prácticas espirituales con algo de escepticismo. No obstante, hace siglos, el concepto del despertar del tercer ojo ya era practicado por una gran cantidad de civilizaciones a lo largo de todo el mundo. Obtener los poderes del chakra del tercer ojo era el objetivo de muchas prácticas espirituales en el antiguo Egipto, en las tradiciones mayas y de la India, así como también lo fue del budismo, hinduismo y taoísmo.

Por desgracia, este concepto, junto con la espiritualidad en general, nunca ha ganado suficiente popularidad en Occidente. Tendemos a ser escépticos de lo místico y lo intangible, ya que estamos condicionados a aceptar solamente aquello que nos dice la ciencia sobre el mundo físico. Lo que no se puede ver queda relegado a lo "irreal".

Y, aún así, la gravedad es una fuerza invisible que literalmente mantiene unido al universo y evita que la Tierra salga volando por el espacio. La ciencia ha comprobado esto sin duda alguna. La electricidad es una fuerza invisible que ha revolucionado el mundo moderno.

De forma similar, los chakras son centros de energía invisible dentro de nuestro cuerpo, los cuales regulan muchas de nuestras funciones físicas y mentales. Si se logra dominar su poder, se puede armonizar y balancear nuestra mente y nuestro cuerpo.

¿Por qué deberíamos despertar el chakra del tercer ojo?

Despertar el tercer chakra u obtener la iluminación ha sido el objetivo de muchas escuelas espirituales. Tal vez podamos argumentar que ahora es más relevante que antes. Tómate un momento para reflexionar: ¿realmente te sientes feliz y satisfecho con tu vida? ¿te sientes en paz contigo mismo? ¿sientes que estás viviendo una vida de acuerdo a tu mejor propósito?

Nueve de cada diez veces, la respuesta es no. Es irónico que tengamos una cantidad incontable de lujos y comodidades al alcance de nuestra mano y aun así nuestras vidas parecen ser más complicadas y caóticas.

Todas las increíbles tecnologías y los dispositivos diseñados para hacer nuestras vidas más sencillas son geniales, ¿entonces por qué la mayoría de nosotros nos sentimos estresados y agotados? Estamos sometidos a una presión constante para ser "súper" padres, buenas parejas y exitosos profesionistas y tener éxito en la vida. Creemos que cuando logremos cumplir esos objetivos seremos felices.

Irónicamente, nuestro estilo de vida moderno nos crea más ansiedad y preocupación. Nos preocupamos por el futuro, nos preocupamos por nuestras finanzas y tenemos miedo de perder nuestros trabajos o posesiones. El estrés se ha vuelto la regla general de nuestra loca cultura materialista y consumidora.

Aquí es donde el despertar del chakra del tercer ojo puede llegar a cambiar tu vida: te va a permitir un lugar seguro dentro de ti mismo en el que la locura del mundo nunca pueda alcanzarte. Vas a ganar el conocimiento necesario para comprender que la carrera sin sentido no es tu verdadero objetivo. Vas a obtener más claridad, sabiduría y concentración respecto a lo que es verdaderamente significativo y podrás comportarte acorde a eso. En pocas palabras, te volverás la mejor versión de ti mismo.

¿Qué es exactamente el tercer ojo? Se ha descrito como una puerta a los reinos no físicos de la consciencia interna, de la sabiduría interna y de los dones espirituales.

En la antigua tradición india se le conocía como "el ojo del conocimiento".

Este no es conocimiento que se obtiene por medio de la experiencia y aprendizaje en el mundo físico. Se puede describir de forma más acertada como el despertar de la visión y la intuición que proporciona el conocimiento divino y que libera habilidades psíquicas increíbles.

Despertar el chakra del tercer ojo no es una loca teoría mítica. No es una filosofía abstracta. Son pasos reales y concretos que puedes seguir para fomentar y revivir este centro de energía que ha permanecido dormido dentro de ti por muchos años. De hecho, muchos de nosotros experimentamos pequeños destellos del despertar del tercer ojo sin que nos demos cuenta de lo que son. Es esa sensación rara que te da sobre una cosa o persona y que luego resulta ser 100% cierta. Es ese sentido de *déja vu* en el que piensas "he tenido esta misma conversación con esta misma persona antes, pero apenas nos conocimos ¿cómo es eso posible?". Puede ser soñar con una persona a la que no has visto en mucho tiempo y, unos días después, esa persona te llama.

Tenemos todas estas experiencias cuando el tercer ojo se abre por un momento y luego se vuelve a cerrar. Estas experiencias son un ejemplo de lo que puedes esperar cuando hayas despertado y alineado por completo el chakra de tu tercer ojo.

Lo que este libro te ofrece

Este libro te va a mostrar cómo empezar tu camino hacia la paz interior y a una consciencia más elevada al abrir el chakra del tercer ojo. Ya seas un principiante que elige despertar el chakra de su tercer ojo, que ya tengas algo de experiencia pero que quieras aprender todavía más o que simplemente tengas curiosidad, este libro te va a brindar grandes conocimientos.

Lo que este libro no va a hacer es entrar en teorías espirituales confusas o desperdiciar tu tiempo con temas inútiles. Esta es una guía comprensiva repleta de técnicas prácticas, ejercicios y consejos para despertar el chakra del tercer ojo. Te va a preparar para que sepas qué esperar, cómo comprender los mensajes del tercer ojo y cómo cultivar los dones de la lectura del aura, las visiones psíquicas y la clarividencia. Este libro también te ofrece consejos prácticos sobre cómo hacer que estas prácticas se vuelvan parte de tu vida diaria, así como unas cuantas precauciones de las que tienes que estar pendiente o sobre las que necesites consejos.

El objetivo es ayudarte a descubrir tus dones extraordinarios, incluyendo:

- Acceder y despertar el chakra del tercer ojo.
- Fomentar y balancear el tercer ojo una vez que esté abierto.
- Aumentar tu intuición y tu perspectiva.
- Aprovechar habilidades psíquicas que nunca antes habías imaginado que tenías, incluyendo la clarividencia y la lectura del aura.
- Vivir conscientemente.
- Lograr el balance emocional y conquistar las emociones negativas.
- Desarrollar relaciones más profundas con otras personas y contigo mismo.
- Volverse más abierto y tolerante.
- Reducir el estrés y la ansiedad.
- Deshacerse de la negatividad y aumentar tus niveles de energía.
- Aumentar tu concentración y desarrollar tu propósito.

¿Qué vas a ganar?

Despertar el chakra del tercer ojo te permite acceder a todos los niveles de pensamiento y consciencia fuera de los cinco sentidos básicos. Vas a desarrollar tu "sexto sentido" en una manera que te permitirá experimentar otros reinos de tu consciencia que hasta ahora han sido ignorados. La riqueza de conocimiento que existe dentro de este reino no sólo va a enriquecer tu vida, sino que la va a transformar. ¿Esto te suena muy loco? Bueno, la física cuántica nos dice que existen otras dimensiones.

Esto es algo que las civilizaciones antiguas descubrieron y que ahora ha confirmado la ciencia moderna, esto es algo que tú mismo puedes experimentar.

¿Qué otras cosas ganas al desarrollar el sexto sentido?

Enlistar todos los beneficios nos llevaría mucho tiempo.

Basta decir que tu vida y tu perspectiva de la vida va a cambiar por completo. Vas a obtener un vistazo de cómo ocurre esto conforme sigas leyendo este libro.

Por último, este libro se trata de técnicas espiritualmente factibles y aplicables. Básicamente, el despertar del chakra del tercer ojo es una habilidad que cualquiera puede aprender, desarrollar y perfeccionar. La diferencia es que la manera de perfeccionar esta habilidad se hace principalmente por métodos espirituales. Las técnicas de meditación, visualización y reflexión consciente van a tener un rol muy importante en tu entrenamiento.

Si estás pensando que desarrollar todas estas sorprendentes cualidades requiere un esfuerzo sobrehumano o habilidades especiales, prepárate para sorprenderte. Cualquiera puede aprender a despertar el chakra del tercer ojo, incluso los niños si se les entrena desde pequeños. Es más, si tienes hijos, tal vez quieras considerar hacerlo.

Despertar el chakra del tercer ojo no requiere nada más que compromiso y práctica. Este libro será tu guía en todo lo demás. Ahora, es momento de comenzar.

Comprender el chakra del
tercer ojo

TIENE SENTIDO que antes de comenzar con el trabajo práctico adquieras las habilidades y el conocimiento necesario sobre lo que implica el despertar del chakra del tercer ojo. Este capítulo te va a proporcionar un resumen general del chakra del tercer ojo y las cosas básicas que necesitas saber antes de comenzar con este viaje que te cambiará la vida.

¿Qué son los chakras?

Chakra es la palabra en sánscrito para "rueda", a veces también se traduce como "rueda de luz". Por eso es que en la mayoría de los diagramas e ilustraciones vas a ver los chakras representados como círculos de color o como discos que giran.

En las civilizaciones antiguas, se creía que estos círculos no físicos eran la fuente de la energía de vida.

. . .

En esencia, los chakras son los centros de energía de nuestros cuerpos. Su función es distribuir el prana (energía de vida o energía cósmica) en un flujo consistente para balancear y hacer que haya armonía en la mente, en el cuerpo y en el espíritu para que haya un bienestar y salud óptimos. El sistema del chakra distribuye esta energía cósmica a varias zonas del cuerpo por medio de caminos llamados meridianos.

Orígenes del sistema de chakras

La primera mención registrada del sistema de chakras se puede encontrar en los Vedas, una colección de antiguos textos indios, escritos entre el año 1500 y 500 a.C. El sistema de chakras está bastante conectado con la práctica del yoga.

La primera descripción práctica sobre cómo activar o balancear los chakras fue escrita en el siglo XVI por Swami Purananda. En su libro describe el sistema de chakras, sus funciones, las asociaciones de cada chakra y cómo balancearlos y alinearlos.

Hoy en día se pueden encontrar traducciones sencillas y accesibles para cualquiera que quiera información más profunda sobre el tema.

Los siete chakras

. . .

Existen sietes chakras principales que recorren el cuerpo a lo largo de la columna vertebral, cada una con un color y una función diferente. Cada chakra vibra a un nivel de energía específico y esa es la razón por la que se asocia con ciertos colores y ciertas notas musicales que resuenan mejor con cada chakra para aumentar su energía. Cada chakra también se asocia con una glándula específica.

- El chakra raíz se ubica en la base de la columna vertebral, es de color rojo, se relaciona con las gónadas y su función es el sentido del olfato, la vitalidad, el dinero y la comida.
- El segundo chakra es el del sacro, debajo del obligo y es de color naranja, su glándula es el sistema linfático y su función es la reproducción, la sexualidad, el deseo y la felicidad.
- El tercer chakra es el del plexo solar, en la parte superior del abdomen, es de color amarillo, corresponde a las glándulas adrenales y su función es el éxito profesional y el desarrollo personal.
- El cuarto chakra es el chakra del corazón, ubicado en el centro del pecho, es de color verde, su glándula es el timo y su función son las relaciones.
- El chakra de la garganta es el quinto chakra y es color azul, su glándula es la tiroides y su función es la comunicación y la empatía.
- El sexto chakra es el del tercer ojo, se ubica en la

frente, entre las cejas, es de color índigo, su glándula es la glándula pineal y su función es la intuición y la consciencia elevada.

- El séptimo chakra es el de la corona, ubicado en la parte superior de la cabeza, es de color violeta, corresponde a la glándula pituitaria y su función es la consciencia aumentada y la trascendencia.

Los siete chakras son responsables de regular los circuitos de energía que fluyen a través y alrededor del cuerpo. La glándula asociada con cada chakra también se relaciona con un órgano o varios órganos específicos.

Cuando experimentamos problemas de salud o emocionales, la causa más probable es que el chakra relacionado con ese órgano está bloqueado o desbalanceado.

Desbloquear el chakra relacionado va a crear un flujo armonioso y sostenible que ayuda a los órganos y que promueve la sanación.

- El chakra raíz se relaciona con los riñones, con la espina dorsal y con los testículos.
- El chakra del sacro se relaciona con la vejiga, la próstata, los ovarios, el bazo, la vesícula y los riñones.
- El chakra el plexo solar se relaciona con la parte alta de la espina dorsal, con el estómago, con la vejiga, con los intestinos, el páncreas y el hígado.

- El chakra del corazón se relaciona con los pulmones y con el corazón.
- El chakra de la garganta se relaciona con las cuerdas bucales, los bronquios, el tracto respiratorio, el esófago, la boca y la lengua.
- El chakra del tercer ojo se relaciona con los ojos, el cerebro y las glándulas pituitaria y pineal.
- El chakra de la corona se relaciona con el tronco encefálico y con la médula espinal.

Vamos a hablar a detalle de las funciones de cada chakra, así como las maneras para balancear todo el sistema de los chakras más adelante.

Hechos básicos sobre el chakra del tercer ojo

- Se le asocia con el color índigo, que tradicionalmente se considera que es el color de la sabiduría. El índigo también se asocia con la noche, cuando muchos de nuestros sentidos están más agudos y poderosos. Por esta razón es que también se relaciona el chakra del tercer ojo con la percepción sensorial. Cuando abres tu tercer ojo, vas a experimentar el olfato, la vista y el oído más agudos. Vas a aprender a usar el color índigo y sus derivados de diferentes maneras para aumentar la vibración de tu chakra del tercer ojo. Comenzarás a experimentar momentos de visión interior profunda y de claridad.

- En la escala musical, se cree que el chakra del tercer ojo resuena con la nota "la".
- Se le asocia con la plata y con el planeta Júpiter.
- Se le asocia con el abrir de la mente a una consciencia más elevada, al desarrollo espiritual, la intuición profunda y las habilidades psíquicas.
- A nivel físico, se le asocia con el ritmo circadiano, el cual regula el ciclo del despertar y dormir.
- Está ligado a la glándula pineal, y cualquier desbalance en esta glándula va a afectar directamente la salud del tercer ojo. En los próximos capítulos vamos a hablar de la importancia de esta glándula.
- El chakra del tercer ojo también determina cómo ves o percibes el mundo y las personas en tu vida, y la forma en la que reaccionas al cambio.

¿Por qué debemos balancear el chakra del tercer ojo?

Balancear el chakra del tercer ojo simplemente significa abrir los bloqueos o deshacerse de las obstrucciones para permitir la circulación de energía del chakra por todo el cuerpo.

Cuando el chakra del tercer ojo está balanceado de forma óptima, vas a experimentar una sensación de paz y tranquilidad. Vas a ganar una sensación de abundancia y gratitud por todo lo que tienes. Te vas a sentir más ligero, tanto en lo físico como en lo mental, y más en armonía con el mundo. A un nivel más profundo, conforme se expande tu tercer ojo, también comenzarás a experimentar vistazos de lo que hay más allá del reino de lo físico.

Las principales causas de bloqueos en el chakra del tercer ojo con nuestras ilusiones y malas interpretaciones sobre nosotros y sobre el mundo que nos rodea. Estas cosas bloquean nuestra intuición y la guía interna que nos permite ver a través de esas ilusiones y malos entendidos.

Síntomas de un bloqueo del chakra del tercer ojo

Existen ciertas señales y síntomas que te pueden ayudar a reconocer cuando el chakra del tercer ojo está bloqueado o desbalanceado. Si reconoces tres o más de estas señales en ti mismo, entonces es momento de empezar a trabajar en tu chakra del tercer ojo:

- Falta de motivación.
- Dificultad para sentirse inspirado o creativo.
- Sentirse cínico, escéptico e incapaz de ver un propósito o significado en la vida.
- Poca visión o memoria.
- Obstinación o rigidez de pensamiento, a veces incluso intolerancia.
- Miedo o desconfianza de tu intuición.

- Falta de perspectiva.
- Dificultad para tomar decisiones.
- Dificultad para establecer metas.
- Miedo a expresar emociones.
- Tendencia a pensar demasiado.
- Miedo al futuro e incapacidad para ver el futuro o para planear a futuro.

Es fácil ver cómo están relacionados todos estos síntomas con las ilusiones, malos entendidos y miedos irracionales. El despertar del chakra del tercer ojo te dará claridad y propósito para superar estas ilusiones.

Qué esperar de la apertura del chakra del tercer ojo

El despertar de este chakra puede traer muchos cambios que pueden variar según la persona, dependiendo de la severidad del bloqueo. No hay un puntaje con el que medir el progreso, tú eres quien sabe más de ti, por lo que tú serás capaz de ver y sentir los cambios cuando ocurran.

Los cambios más comunes son la paz interior y la tranquilidad, una gran empatía por los demás, una sensación de propósito y armonía con el universo. Los cambios más grandes incluyen habilidades psíquicas y dones espirituales.

. . .

En sánscrito, el chakra del tercer ojo también se llama "Ajna", que significa "percibir" o "más allá de la sabiduría".

Liberar la energía de este chakra nos ayuda a percibir nuestras vidas de forma más clara y también a acceder a los reinos más allá de este mundo que nos llevarán más allá de la sabiduría.

Precauciones

Aunque es raro, es posible que el chakra del tercer ojo pueda sobrestimularse. Si esto llega a suceder, es fácil recuperar el balance. Es útil saber reconocer algunos de los síntomas relacionados con esto: tu percepción puede ser demasiado alta, tanto que percibes cosas de forma exagerada.

Los colores relajantes son el lavanda, el morado y el lila. Son buenos para balancear un chakra demasiado activo. Esto se puede hacer por medio de cristales, un péndulo de chakra o usando joyería con piedras de estos colores. Incluso un baño con unas cuantas gotas de aceite de lavanda puede restaurar el balance. Meditar sobre el color morado es otra buena técnica.

Cuando tu tercer ojo comienza a abrirse, es probable que tengas algunas experiencias psíquicas.

· · ·

Es importante que no te obsesiones con estas experiencias o que esperes que ocurran todo el tiempo. Las experiencias psíquicas no son la norma ni deberían ser tu objetivo.

Aprende a aceptar las experiencias psíquicas y acéptalas cuando ocurran, pero no te obsesiones si no suceden.

2

La glándula pineal: la ciencia
detrás del chakra del tercer ojo

DESDE LOS TIEMPOS PREHISTÓRICOS, casi todas las tradiciones religiosas han sido conscientes del tercer ojo. Suele representarse como una piña de pino para representar la glándula pineal. Cualquier discusión seria sobre el tema del tercer ojo tiene que relacionarse con la glándula pineal. Esta glándula está directamente asociada con el chakra del tercer ojo, pero, a diferencia de otros chakras, su interdependencia en este caso es más pronunciada.

Para comprender completamente cómo despertar y fomentar el chakra del tercer ojo, debemos primero comprender esta conexión. La salud óptima del chakra del tercer ojo está directamente relacionada con el funcionamiento óptimo de su glándula.

Es importante considerar que mientras que los chakras son centros invisibles de energía, sus órganos y glándulas correspondientes son físicos y tangibles. Por lo tanto, los problemas con una glándula en particular pueden causar bloqueos en el chakra correspondiente. Esto es especialmente efectivo en el caso de la relación entre el chakra del tercer ojo y la glándula pineal.

¿Qué es la glándula pineal?

En los tiempos antiguos se le llamaba "la glándula misteriosa", y existían muchas teorías sobre sus poderes místicos, por lo que a veces llegó a llamarse "el ojo pineal".

La glándula pineal es una glándula gris rojizo en forma de piña de pino, de donde deriva su nombre. Fue representado por primera vez como una piña por los sumerios.

El símbolo de la piña o del piñón se puede ver representado en muchas culturas antiguas, lo que sugiere que tenía una gran importancia. La glándula pineal mide cerca de un centímetro y pertenece al sistema endocrino (el sistema de glándulas que producen las hormonas necesarias para varias funciones corporales). Se localiza en medio del cerebro, justo entre los hemisferios.

Por mucho tiempo, se creyó que la glándula pineal no tenía importancia, que era un órgano vestigial. Incluso en la actualidad, la ciencia no ha llegado a descubrir todas sus funciones, pero se sabe que es muy importante para la regulación de varias funciones corporales.

Las funciones de la glándula pineal

- Su función principal es la producción de la hormona melatonina. La melatonina regula el ritmo circadiano del cuerpo.
- La melatonina promueve el desarrollo sexual.
- Induce el sueño.
- Conecta el sistema nervioso con el sistema endocrino al convertir las señales neurales en secreciones hormonales.
- Ayuda a regular las funciones del sistema inmune.
- La melatonina regula el humor y nos ayuda a adaptarnos al cambio. Juega un papel muy importante en nuestra felicidad y satisfacción.
- Interactúa con otros tantos órganos y con la sangre.
- Los estudios indican que la melatonina puede afectar la salud cardiovascular y la presión sanguínea, pero se necesita más investigación.
- Otros estudios indican que la glándula pineal puede tener una función a la hora de regular las hormonas femeninas y puede estar relacionado con la irregularidad del ciclo menstrual y la fertilidad. Se necesita más investigación científica todavía.

La glándula pineal y el tercer ojo

De hecho, en ocasiones llegó a considerarse que la glándula pineal era el tercer ojo por su ubicación en el centro del cerebro. El filósofo René Descartes llegó a nombrarla "el asiento del alma" y el lugar donde se forman todos los pensamientos. La glándula también era conocida por los antiguos griegos, quienes también creían que era el centro del pensamiento.

Aunque todas estas opiniones han sido desacreditadas por la ciencia, recientes investigaciones nos dicen que Descartes y los griegos antiguos tenían razón. Un estudio revolucionario ha notificado una conexión entre la glándula pineal y un compuesto llamado dimetiltriptamina (DMT). Esta sustancia se encuentra en muchas plantas y tiene propiedades psicodélicas. Se sabe que provoca visiones psíquicas y que aumenta la percepción.

La tan largamente ignorada glándula pineal, así como el chakra del tercer ojo, bien podría ser la puerta para las experiencias psíquicas y a otros reinos. Puede ser que de verdad sea el asiento del alma.

. . .

Mientras tanto, todavía se sabe muy poco sobre la glándula pineal y todas sus funciones, además de la secreción de la melatonina.

Calcificación de la glándula pineal

Con el tiempo, se puede acumular calcio, fluoruro y fósforo en esta glándula. Estos depósitos provocan algo conocido como calcificación. Esto se puede diagnosticar fácilmente por medio de unos rayos x.

La calcificación de la glándula pineal es más probable que ocurra cuando el tercer ojo está dormido, lo que significa que la mayoría de las personas en la actualidad tienen cierto grado de calcificación. Un chakra del tercer ojo despierto y activo mantiene a la glándula pineal saludable y es la mejor forma de evitar que ocurra la calcificación.

La calcificación es cuando se crea un bloqueo sólido alrededor de la glándula pineal, lo que bloquea el acceso a otros reinos. También puede causar problemas físicos si no se trata. Los estudios demuestran que una glándula pineal calcificada puede causar los siguientes síntomas o síndromes:

- Una producción lenta de melatonina, lo que puede afectar negativamente el ciclo circadiano.

- Tiroides lenta o letárgica, lo que lleva a otros problemas graves.
- Baja producción de melatonina que puede llevar a cambios de humor e incluso trastornos mentales.
- Mala circulación sanguínea.
- Aumento de peso y obesidad.
- Enfermedades en los riñones.
- Problemas digestivos.
- Confusión.
- Depresión.
- Fatiga.
- Sentido de la ubicación deficiente.
- Desconexión espiritual.

Cómo descalcificar la glándula pineal

Es posible sanar una glándula pineal calcificada y disolver la acumulación de calcio, fluoruro y fosfato que se ha acumulado con los años. Los métodos aquí enlistados también te ayudarán a mantener y a promover la salud de la glándula pineal y prevenir que la calcificación sea recurrente.

Incluso si no tienes calcificación, estas son excelentes medidas preventivas y que fomentan la salud de la glándula pineal.

. . .

Evitar el consumo excesivo de calcio. El calcio es importante para nuestra salud y para mantener huesos y dientes fuertes. Sin embargo, algunas personas exageran y consumen demasiado calcio. Es suficiente consumir la dosis recomendada para tener un cuerpo saludable.

También hay que evitar los suplementos de calcio, ya que algunos estudios han demostrado que pueden perjudicar más de lo que ayudan. Quédate con las fuentes naturales de calcio como los lácteos, los mariscos, legumbres y nueces.

Evitar el exceso de fluoruro. La mayoría de nuestra ingesta de fluoruro viene del consumo de agua de la llave, ya que la mayoría de las fuentes de agua de las ciudades modernas contienen cantidades sorprendentes de este químico. Invierte en un filtro especial para consumir agua sin fluoruro. También puedes beber agua alcalina o destilada. Otra fuente es, por supuesto, la pasta de dientes, por lo que debes leer las etiquetas y consumir una que tenga poco fluoruro.

Deshacerse de los empastes dentales de mercurio. El mercurio es un metal pesado demasiado tóxico, aunque, por desgracia, ha sido utilizado como base para los empastes dentales. Tener este metal pesado tan cerca del cerebro puede causar problemas en la glándula pineal.

. . .

Las buenas noticias son que, hoy en día, muchos dentistas usan empastes que no contienen mercurio, así que confírmalo con tu dentista antes de que te pongan un empaste.

También deberías considerar reemplazar los empastes viejos con algunos que no tengan mercurio.

Comida. Las elecciones de comida son una de las mejores maneras para que comience el proceso de descalcificación.

Hay una gran variedad de alimentos que sirven para descalcificar la glándula pineal y mejoran la salud en general.

El vinagre de sidra de manzana, el yodo, la chlorella y la espirulina son muy buenas para descalcificar y prevenir la calcificación. El aguacate, el plátano, el berro, la pila y el pepino son las mejores opciones de comida para una glándula pineal saludable.

Reducir el consumo de carne también ayuda a descalcificar la glándula y mantenerla saludable. Las carnes de cerdo y de res son muy ácidas y ayudan a tener una buena salud cerebral en general.

. . .

Considera usar arcilla de bentonita. Este es un tipo de arcilla que se crea a partir de la ceniza volcánica y se ha usado a lo largo de la historia por sus propiedades desintoxicantes. La bentonita tiene propiedades magnéticas que pueden atraer y aislar las toxinas, en especial los metales pesados, y los remueven del cuerpo.

Se utilizaba en los tiempos antiguos para curar varias condiciones de la piel y problemas digestivos.

La arcilla de bentonita se puede ingerir de forma segura y, una vez dentro del cuerpo, atrae y aísla las toxinas y los químicos perjudiciales, los cuales se eliminan por medio del tracto digestivo. La arcilla se vende en línea y se puede encontrar en muchas tiendas.

Estar más al sol. Los rayos naranjas del sol, durante el amanecer o el atardecer son extremadamente beneficiosos para descalcificar la glándula pineal. Salir a caminar o a pasear al exterior a esas horas es una gran manera de exponernos a esos rayos de sol.

Come orgánico. Los metales pesados en los pesticidas también pueden ser perjudiciales para la salud de la glándula pineal y, además, son muy difíciles de expulsar de nuestros cuerpos. Come lo más orgánico que puedas, o al menos asegúrate de que las frutas y verduras que consumes sean cultivadas de forma orgánica. También se recomiendan las reses de libre pastoreo y las aves orgánicas.

Aprovecha el poder sanador de las hierbas. Ciertas hierbas como la artemisa, el orégano, la alfalfa, el eneldo y el perejil tienen propiedades curativas poderosas. Utilízalas lo más que puedas en ensaladas o bebidas herbales.

Sin estrés. Esto es simple sentido común. Permitir que el estrés se acumule puede llevar a varios problemas físicos y mentales severos. Reserva algo de tiempo para desestresarte regularmente al involucrarte en actividades relajantes, hacer ejercicio y meditar.

Evitar la luz fluorescente. La glándula pineal es muy sensible a la luz y funciona mejor con la luz natural. Los focos de luz fluorescente no son parte del espectro de la luz natural, por lo que son bastante molestos para la glándula pineal.

Despertar el chakra del tercer ojo. Como hemos mencionado antes, un chakra del tercer ojo dormido es otra causa importante de la calcificación de la glándula pineal. Un chakra del tercer ojo activo va a proporcionar fuerza y energía, haciendo que la comunicación entre el chakra y la glándula funcione en armonía.

. . .

Podemos concluir este capítulo con un pequeño comentario que ilustra el poder de la glándula pineal. La ciencia nos dice que la mayoría de los animales tienen glándula pineal, pero, a diferencia de los humanos, ellos sí la aprovechan.

Mientras que muchas personas han dejado que esta glándula tan importante se quede adormecida y sin poder, ciertos animales han aprendido a aprovechar sus capacidades de maneras que la raza humana nunca ha considerado.

Todos hemos visto parvadas de aves volando en perfecta sintonía y nos hemos preguntado cómo lo hacen. Nunca verás a un miembro de la parvada acelerando y estrellándose con el pájaro de adelante. Nunca verás que un ave reduce su velocidad y el de atrás se le estrella. Cada ave en la parvada tiene un lugar en la formación invisible que crea un hermoso espectáculo visual.

Esto se debe a que las aves han aprovechado la capacidad de trabajar como una sola mente por medio de las glándulas pineales. De verdad se comunican telepáticamente.

Los gansos que emigran son un excelente ejemplo de esto.

. . .

Los animales aparentemente tienen la habilidad para comunicarse telepáticamente por medio de la glándula pineal, lo cual ilustra el potencial de este minúsculo órgano y lo que puede significar para la raza humana. Imagina si todos los humanos fueran capaces de reconocer este poder y de usarlo para el bien común.

Espero que ahora hayas comprendido cómo están relacionadas las funciones de la glándula pineal con el chakra del tercer ojo. Si el chakra del tercer ojo tiene la habilidad de trascender el reino físico, las características espirituales de la glándula pineal refuerzan y aumentan esta habilidad.

3

Ejercicios para abrir el tercer ojo

¿Estás listo para abrir la puerta de la consciencia interna y de la experiencia extra sensorial? Este capítulo contiene 15 ejercicios que te ayudarán a despertar tu tercer ojo.

Puedes comenzar con uno o dos, los que te suenen mejor, luego intercambia o añade más a tu rutina. Como pronto descubrirás, despertar tu tercer ojo no es algo que esté fuera de tu alcance.

Pasos de preparación

Es buena idea practicar estas mentalidades por lo menos una semana antes para dejar que empiecen a funcionar cuando comiences con los ejercicios.

1. Acepta tu intuición

No ignores los pensamientos que te parezcan tontos o

ridículos. Debes aprender a confiar en tu intuición y a escuchar y aceptar lo que te dice tu tercer ojo. Para mantener el contacto con tu voz interior puedes practicar los sueños lúcidos, jugar juegos de adivinar, leer las cartas del tarot, practicar la interpretación de sueños y mantener la mente abierta.

2.Aprende a disfrutar del silencio

Los ejercicios de este libro deben ser practicados en silencio. Se trata de aprender a prosperar en una mente tranquila y silenciosa. Esto se debe a que el tercero ojo te dará acceso a mensajes más profundos y sutiles. Por eso se necesita una mente silenciosa. Intenta pasar más tiempo en silencio con la naturaleza, relajándote en casa o practicando algún pasatiempo en silencio.

3.Fomenta tu fuerza creativa

Fomentar tu creatividad facilita el proceso de abrir el tercer ojo. Puedes involucrarte en cualquier actividad creativa, esto te ayuda a deshacerte de la lógica rígida, de los pensamientos demasiado racionales y las creencias convencionales de lo que es correcto e incorrecto. Tu mente necesita estar abierta y lista para aceptar las experiencias no convencionales.

Ejercicio 1: respiración consciente

. . .

Este ejercicio se puede realizar en cualquier momento que tengas 15 minutos libres para sentarte tranquilamente.

- Asegúrate de estar sentado cómodamente.
- Cierra los ojos y deja que tu cuerpo se relaje.
- Inhala lentamente por la nariz desde el abdomen, cuenta hasta cinco mientras inhalas. Concéntrate en la acción de respirar, siente tus pulmones expandirse.
- Mantén la respiración por 2 o 3 segundos. Exhala lentamente por la boca y cuenta hasta cinco.
- Concéntrate en cómo se siente tu cuerpo sin tensión.
- Repite 10 veces.

Ejercicio 2: doblar la lengua

Esta es una práctica tradicional en algunas tribus africanas en las que es un rito sagrado convivir con el mundo espiritual.

- Con la lengua acaricia tu paladar de adelante a atrás por dos o tres minutos.
- Mueve tu lengua más rápido y usa tu voz para hacer un sonido rítmico. Siente cómo comienza a vibrar tu paladar. Intensifica el movimiento

para aumentar las vibraciones. Se supone que esto atrae la atención del tercer ojo.

- Continúa por 3 o 4 minutos.

Ejercicio 3: tocar el tercer ojo

El propósito de este ejercicio es reforzar la intención del subconsciente.

- Coloca un dedo en el centro de la frente, entre las cejas, y en silencio establece la intención de despertarlo.
- Masajea suavemente haciendo movimientos circulares y visualiza cómo comienza a abrirse. Continúa este movimiento durante 3 o 4 minutos.
- Haz una pausa cada tantos segundos para dar un ligero golpecito en el tercer ojo y continúa el masaje.

Ejercicio 4: ver la luna

La luz de la luna aumenta la intuición y la percepción. No es un ejercicio que se pueda hacer cada noche, pero aprovecha las noches en las que sea posible. Recuéstate y contempla la belleza de las estrellas y de la luna.

- Acuéstate o siéntate mirando a la luna.
- Imagina que la luz de la luna baña tu cuerpo y entra en tu tercer ojo.
- Reconoce cualquier pensamiento que venga a ti e intenta escuchar con tu tercer ojo.

Ejercicio 5: adivinación

La adivinación es una práctica antigua de consciencia psíquica o segunda vista. La adivinación se puede hacer por medio de varios métodos como puede ser mirar el agua de un estanque o de una fuente, mirar el fuego o a un espejo. También puedes mirar las nubes, chorrear cera en agua o aceite flotando en agua.

Este ejercicio es excelente para remover los bloqueos del tercer ojo y mejorar la visión interna.

No tiene nada que ver con observar el futuro. Es un proceso para abrir la mente a los mensajes que te manda tu tercer ojo.

Mira con atención, relaja tu visión y deja que se desenfoque ligeramente. Sigue mirando y deja que se empiecen a formar imágenes en tu mente. Contempla las imágenes e intenta interpretar cualquier mensaje.

· · ·

Quizás no tengas una visión clara ni recibas mensajes específicos, en especial al inicio. El objetivo es que tengas una sensación de energía psíquica que reside en tu tercer ojo y que las imágenes se irán haciendo más vividas y fáciles de interpretar.

Ejercicio 6: visualización con el tercer ojo

Este ejercicio sirve para despertar tu ojo interno al reemplazar tus ojos físicos.

- Comienza con objetos sencillos hasta que tu ojo esté entrenado para objetos más complicados.
- Puedes comenzar con un círculo o un cuadrado en colores vividos. O un lápiz, una taza o algo así.
- Quédate viendo al objeto por unos minutos, registrando cada detalle.
- Cierra los ojos y visualiza el objeto, recreando cada detalle hasta que lo puedas ver con claridad en tu mente.

Este ejercicio requiere mucha concentración, pero se va volviendo más fácil.

Ejercicio 7: proyección

. . .

Con este ejercicio puedes viajar por el tiempo y el espacio con tu mente.

- Elige un lugar que conozcas bien y del que disfrutes.
- Cierra los ojos y visualiza cada detalle, luego intenta imaginarte en ese lugar, como si estuvieras ahí de forma física.
- Revive un momento pasado en ese lugar como si estuviera ocurriendo en ese momento. Recuerda los detalles, las personas, las conversaciones.
- Ahora proyéctate en el futuro al imaginar el mismo lugar. Visualiza lo que va a ocurrir la próxima vez que lo visites, lo que vas a usar, el clima, las personas que van contigo.

Ejercicio 8: balasana, pose de yoga

También conocida como la pose del niño o del niño dormido.

- En un tapete de yoga o en una alfombra siéntate en tus tobillos con cuidado.
- Respira profundamente tres veces.
- Lentamente baja la parte delantera de tu cuerpo hasta que toques el suelo con tu frente.
- No estires los brazos hacia adelante, mantenlos a

los lados de tu cuerpo, con las palmas hacia arriba.

- Concéntrate en tu frente. Respira profundamente por unos minutos.
- Levanta tu cuerpo lentamente hasta que vuelvas a estar sentado sobre tus tobillos.
- Deja caer la cabeza hacia atrás con cuidado y mantén la vista hacia arriba por unos momentos mientras respiras profundamente.
- Repite 3 veces.

Ejercicio 9. Visualización de color

- Siéntate en una posición cómoda y respira profundamente 3 veces.
- Cierra los ojos y visualiza una rueda de energía color morado o azul oscuro en la zona de tu tercer ojo.
- Concéntrate en la bola de energía conforme libera su poder a tu ojo.
- Continua durante todo el tiempo que quieras.

Ejercicio 10. Practicar ver el aura

- Debes estar en una habitación bien iluminada, sentado frente a una pared de color neutro.
- Estira tus brazos hasta que estén a 40 cm de la pared y directamente frente a tus ojos.
- Junta tus dedos índices y concéntrate en el punto donde se unen.
- Separa ligeramente los dedos, pero no dejes de ver el punto donde se tocaban.
- Extiende tu visión en el mismo punto, pero más a la distancia.
- Conforme observas a la distancia, en tu visión periférica verás una luz que rodea tus dedos y manos. Esa es la luz del aura.
- Sigue practicando.

Ejercicio 11. Cristales

Ciertas piedras ayudan a dar energía al chakra del tercer ojo. Puede ser un lapislázuli, zafiro azul, ágata azul y cuarzo azul.

- Sostén la piedra en tu mano por un momento.
- Cierra los ojos y visualiza la energía fluyendo del cristal a tu chakra del tercer ojo.
- Siente cómo se calienta y cosquillea tu ojo.
- Practica con diferentes piedras, dejando que tu intuición te guíe.

Ejercicio 12. Aterrizaje consciente

Una de las razones por las que está dormido tu tercer ojo puede ser porque no estás viviendo conscientemente en tu presente.

Pensar demasiado en el futuro o en el pasado y vivir de las fantasías hace que tu tercer ojo pierda la perspectiva.

Puedes realizar este ejercicio haciendo cualquier actividad, pero aquí nos vamos a concentrar en comer.

- Siéntate ante tu plato. Cierra los ojos y concéntrate en el olor de la comida por unos momentos.
- Abre los ojos y comienza a comer. Concentra tu atención solo en la comida.
- Mastica lentamente, saborea y contempla los diferentes sabores y texturas.
- Siente como pasa por tu garganta y llega a tu estómago.
- Se consciente sólo de la comida que comes en el momento presente.

Ejercicio 13. Meditación con cristales

Necesitas una amatista pequeña que puedas poner en el área de tu tercer ojo.

- Recuéstate y coloca la amatista sobre tu tercer ojo.
- Visualiza la energía de la piedra entrando en tu tercer ojo y llenándolo de energía.
- En silencio establece la intención de despertar tu tercer ojo.
- Continúa durante todo el tiempo que quieras.

Ejercicio 14. Mantra del tercer ojo

La palabra "om" suele utilizarse como mantra en las prácticas espirituales porque combina con la vibración del tercer ojo. Crea una energía sanadora que balancea y nutre el chakra del tercer ojo.

- Recuéstate o siéntate. Concéntrate en tu tercer ojo.
- Repite la palabra "om" en un tono monótono una y otra vez.
- Siente las vibraciones del mantra fluyendo en tu tercer ojo y visualiza cómo vibran en sintonía.
- Practica durante todo el tiempo que quieras.

Ejercicio 15. Mudra del tercer ojo

- Siéntate en el piso con las piernas cruzadas y la espalda recta.
- Coloca las manos frente a ti y que se toquen la punta de los pulgares y los dedos medios. El resto de los dedos deben estar doblados.
- Inhala profundamente por la nariz y, cuando exhales, repite el mantra "ksham", mientras te concentras en el chakra entre tus cejas.
- Repite siete veces

4

Meditación para el tercer ojo

LA MEDITACIÓN ES lo que más ayuda al chakra del tercer ojo y para cualquier actividad espiritual. Abrir el chakra requiere un nivel más allá de los ejercicios del capítulo interior con meditaciones más intensas. Por eso, la meditación se debe realizar en conjunto con los ejercicios.

¿Qué es la meditación?

Es una habilidad que puede ser aprendida y fomentada.

No requiere ningún talento en especial, pero necesitas tratarla sin escepticismo. Si eres nuevo en esto de la meditación, tal vez te sientas algo incómodo al inicio.

. . .

Sin embargo, la mayoría de las personas experimentan las alegrías de la meditación rápidamente y aprenden a apreciarla como una actividad relajante.

Se practica con el objetivo de abrir la mente a una intuición y percepción más profunda. Hay varios tipos de meditación muy poderosos desarrollados específicamente para abrir el tercer ojo.

La meditación también ayuda a controlar los pensamientos y la mente, lo que te ayudará a tener el control de tu vida. Esto te ayudará a responder rápidamente a las situaciones de forma sabia y tomar mejores decisiones.

La meditación desarrolla la claridad, mejora la concentración y posiblemente es una de las mejores formas de relajarse.

¿Cómo funciona?

Cuando meditas, tu cerebro entra en un estado diferente, relajado, más abierto y receptivo. Con el tiempo será cada vez más fácil acceder a esta longitud de onda alfa, diferente a la beta en la que suele estar el cerebro.

Recibirás el conocimiento y la información del reino de

lo no físico. También ayuda a fortalecer los dones espirituales.

Meditaciones para el tercer ojo

Existen muchos tipos de meditación, pero en general nos permite lograr la paz interior y una consciencia más profunda. Todos sirven para abrir el tercer ojo, sin embargo, los siguientes métodos son los más poderosos para abrir y fomentar el tercer ojo.

Meditación 1: trataka

- Debes sentarte en el piso con las piernas cruzadas. Si no te sientes cómodo, puede ser en una silla con la espalda recta.
- Cierra los ojos y respira profundamente desde el vientre durante unos 3 minutos hasta que tu cuerpo esté completamente relajado.
- Concéntrate en el área del chakra del tercer ojo.
- Con los ojos cerrados, mueve los ojos como si quisieras ver el tercer ojo entre tus cejas. Puede sentirse algo incómodo al inicio.
- En esa posición cuenta del 0 al 100.
- Regresa los ojos a su posición normal y respira profundamente unas cuantas veces.

- Abre los ojos. La meditación debe durar de 10 a 15 minutos.

Esta meditación se debe practicar con moderación, con una vez a la semana es suficiente.

Meditación 2: escaneo del cuerpo

- Siéntate con la espalda recta.
- Cierra los ojos y respira conscientemente unos 2 o 3 minutos o hasta que ya no haya tensión en tu cuerpo.
- Comienza a escanear tu cuerpo desde el chakra de la coronilla de la cabeza. Concéntrate en esta zona hasta que empieces a notar sensaciones en ese lugar. No te preocupes si no sientas nada en las primeras ocasiones.
- Cuando estés listo, pasa a la parte de la frente, sintiendo desde el frente hasta la parte de atrás de la cabeza.
- Luego pasa a los ojos, a la nariz, a la boca. Pasa unos minutos notando las sensaciones de cada zona.
- Continúa explorando cada parte de tu cuerpo: la barbilla, el cuello, los hombros, los brazos, el torso, la parte superior del estómago, los muslos, las piernas y termina con los pies.
- No reacciones o juzgues cualquier sensación

negativa que tengas. Simplemente reconócela y
sigue adelante.

- Si quieres, puedes repetir.

Esta meditación aumenta la intuición al hacerte más consciente de las sensaciones de tu cuerpo.

Meditación 3: bola de luz dorada

- Siéntate en la posición del loto.
- Respira profundamente y siente cómo se disipa
  la tensión.
- Visualiza un flujo de energía cálida que recorre
  tu cuerpo desde la cabeza a los pies.
- Dirige tu atención al chakra del tercer ojo y a la
  energía que llena ese espacio.
- Visualiza la energía formando una bola de luz
  dorada en el centro de tu chakra del tercer ojo.
- Concéntrate en la bola de luz.
- Deja que la luz se expanda hasta llenar el chakra
  de tu tercer ojo. Visualiza que se expande
  lentamente hasta que emerge fuera de tu frente
  en un rayo de luz dorada.
- Admira el rayo de luz con tu ojo interior y revisa
  si hay colores o imágenes que aparecen en él.
- Reconoce lo que sientes sin emitir juicios.
- Pregúntale a tu tercer ojo si tiene un mensaje
  para ti mientras sigues viendo el rayo de luz.
  Tómate el tiempo que necesites.

- Cuando esté listo, vuelve a la realidad con respiraciones profundas y abre los ojos.

Meditación 4: despertar el tercer ojo y descalcificación de la glándula pineal

- Siéntate cómodamente y relájate.
- Cierra los ojos y respira profundamente.
- Concéntrate en el chakra de tu tercer ojo. Si te ayuda, puedes visualizarlo como una bola de luz.
- Deja que tus sentidos se vuelvan vívidos e intensos, conscientes de todo lo que te rodea. No pienses en nada.
- Visualiza a tu tercer ojo absorbiendo y procesando todas estas sensaciones.
- Cuando estés listo, termina la meditación con unas respiraciones profundas.

Meditación 5: señales de respiración consciente

Esta meditación es excelente para mantenerte con los pies en la tierra todo el día y siendo consciente de tu tercer ojo.

- Elige una señal de tu vida diaria, ya sea verse en el espejo o lavarse los dientes, cuando el teléfono suene o algo por el estilo. Algo que ocurra regularmente en tu vida diaria.

- Cada vez que suceda esta acción, respira profundamente y conscientemente por unos cuantos minutos mientras te concentras en el chakra de tu tercer ojo.
- Repite el ejercicio cada vez que surja la señal.
- Este ejercicio debe permitirte relajarte y tranquilizar tu mente hiperactiva mientras también estás pendiente de tu tercer ojo.

Consejos para aprovechar la meditación

No son reglas obligatorias, pero te ayudarán a meditar mejor.

Lugar

El lugar ideal para meditar debe ser relajante y con las menores molestias posibles. No necesariamente tiene que ser en interiores.

Tiempo

. . .

Es mejor si meditas a la misma hora cada día porque la constancia ayuda a darle firmeza a la mente y a crear un patrón regular para el cuerpo de la mente. Muchas personas sienten que tener una hora para meditar les da un propósito.

Posición

Ya sea que elijas en el suelo o en una silla, es importante que te sientas cómodo. La posición ideal es una en la que te puedas llegar a dormir si lo deseas.

Siempre debes darle tiempo a tu cuerpo de relajarse al comenzar y al terminar.

Una mente tranquila vibra en la misma frecuencia que resuena con la frecuencia de la intuición. Entre más medites, más vas a aprender a tener una mente tranquila y callada, permitiendo que escuches mejor a tu intuición.

Conforme comiences a abrir tu tercer ojo y a recibir energía, lo mismo pasará con tus sentidos. Comenzarás a desarrollar una percepción clara y más momentos de intención poderosa. Descubrirás que estarás más presente en el momento y los cambios graduales serán la motivación que necesitas para hacer de la meditación parte de tu rutina.

5

Cómo fomentar el tercer ojo

DESPERTAR el tercer ojo y curar la glándula pineal no es el final del camino. Es un proceso continuo de balance, fortaleza y nutricional al tercer chakra para hacer que se mantenga abierto y con energía. La mejora personal es un trabajo continuo. En este capítulo vamos hablar de los varios métodos para mantener saludable el chakra del tercer ojo.

Estos métodos son fáciles de incorporar a la vida diaria. La idea es que sean adicionales a la meditación para resultar en una rutina efectiva que te permite ayudar a tu tercer ojo.

Comidas nutritivas para el chakra del tercer ojo

El chakra del tercer ojo se relaciona con el reino espiritual más que con el reino físico. Esto puede hacerte pensar que no está afectado por las actividades físicas. De hecho, hay varios súper alimentos que pueden ayudar a tener un tercer ojo balanceado y desbloqueado. Comer una combinación de estos alimentos puede ayudar a tener una impresión más fuerte.

Además, el chakra del tercer ojo resuena con la belleza, por lo que es bueno tener una alimentación saludable. La manera en la que acomodarse la comida en tu plato y la integración de diferentes colores puede ayudar a que se sienta bien tu tercer ojo. No tendrás que recurrir a una dieta restrictiva, ya que hay una gran variedad de alimentos nutritivos.

Alimentos color índigo, violeta y morado

Estos alimentos son buenos para el chakra del tercer ojo y para la glándula pineal. También son muy buenos para regular la presión sanguínea y son muy buenos antioxidantes que mantienen tu cerebro funcionando de forma saludable.

- Berenjena
- Uvas moradas
- Mora azul
- Higo
- Col morada
- Ciruela
- Ciruela pasa

- Cebolla morada
- Pasas
- Repollo morado
- Zarzamora

El color de los pigmentos de estos alimentos se dice que representan los sueños, los pensamientos internos y la armonía con el universo.

Chocolate oscuro

El chocolate oscuro fomenta la claridad en el cerebro y produce serotonina, un hormonal que ayuda al humor.

Puedes comer un pedazo antes de meditar para mejorar tu concentración. De hecho, puedes comer todo el chocolate oscuro que quieras en tu proceso para despertar el chakra del tercer ojo, sólo recuerda que debes ser oscuro, no blanco ni con leche.

Nueces y semillas

Se sabe que esos nutrientes son muy poderosos para el cerebro y que ayudan a la concentración. Las semillas de calabaza y las almendras son más recomendables.

. . .

Pescado

Contiene omega tres, un nutriente que es muy bueno para el cerebro y ayuda a la atención y concentración.

Intenta comer pescado dos veces a la semana cuando estés en el proceso de despertar el chakra del tercer ojo.

Hierbas y especias

Éstas mantienen el sistema nervioso saludable y mejoran los sentidos. Las semillas de amapola, la artemisa, el romero, el enebro y la menta son especialmente poderosos.

Tomar mucha agua

Esto es algo que todo mundo debería hacer, pero que casi nadie hace. Es importante mantener el cuerpo hidratado para tener una mente clara. El agua también es la mejor forma para ayudar a que el cuerpo deseche de toxinas de forma regular.

En general, una dieta saludable que contenga frutas y verduras frescos y grasas saludables va a ayudar a tener un sistema de chakras balanceado.

. . .

Ejercicio físico y la naturaleza

Un cuerpo saludable equivale a una mente saludable, lo cual lleva a un sistema de chakras saludable. Tal vez quieras practicar algunos ejercicios físicos o practicar algún deporte en específico. Cualquier forma de ejercicio que mantenga la energía fluyendo es bueno. Sin embargo, tal vez quieras considerar las siguientes actividades que son específicas para mantener la armonía con el chakra del tercer ojo.

Danza

La danza incrementa la creatividad y la percepción, mientras también ayuda a fortalecer el cuerpo. Cualquier tipo de danza es beneficiosa para la salud del tercer ojo.

Gimnasia

La gimnasia ejercita el balance y la coordinación. Esto es excelente para balancear el chakra.

Yoga

. . .

El yodo es el mejor ejercicio físico que puedes realizar para ayudar al tercer ojo. Esto se debe a que los movimientos y posiciones están hechos especialmente para abrir el sistema de chakras y permitir un flujo de energía constante.

Naturaleza

Cualquier tipo de ejercicio que puedas practicar en exteriores es muy bueno para la salud del chakra del tercer ojo.

Caminar, nadar, escalar o hacer bicicleta en exteriores es una actividad perfecta para promover la salud física y espiritual.

Tener un diario

Tener sueños psíquicos es una de las señales más importantes de que tu tercer ojo está abierto. Cuando se despierta, manda vibraciones a través de tu sistema para permitir que el cuerpo físico se separe del acto de dormir, permitiendo que los sueños lleguen directamente al tercer ojo. Aunque algunas personas pueden recordar los sueños de forma vívida, otros sólo recuerdan pagos detalles o no pueden recordar nada del sueño. Sin embargo, el despertar del tercer ojo suele ser la experiencia más vivida, por lo que vas a recordar los años con más claridad.

. . .

Tener un diario de sueños te va a permitir monitorear y reconocer los mensajes y símbolos importantes en tus sueños.

Revisar el contenido y el desarrollo de tus sueños también te va a ayudar a separar las acciones psíquicas de las normales.

Sueños psíquicos vs. normales

Algunas veces, nuestros sueños no tienen ningún significado. Los sueños psíquicos son cuando tienen un mensaje claro por parte de nuestro tercer ojo, ya sea sobre ciertas personas o sobre eventos futuros. Debes buscar lo siguiente en tus sueños:

- Cosas que tienen un gran simbolismo o significado para ti. Esta es la manera del tercer ojo de avisarte que este sueño es diferente.
- Los sueños psíquicos son sorprendentemente vividos. Puedes recordar cada detalle claramente. Bien podría ser un mensaje del otro reino.

Por eso puede ser bastante útil tener un diario de sueños. Es una gran manera de notar el progreso de tus sueños conforme se despierta el chakra del tercer ojo.

. . .

También aprenderás a reconocer patrones de sueño y a analizar sueños de forma independiente, ya que pueden contener mensajes.

Registra el sueño a los primeros minutos de despertarte.

Anota todo lo que recuerdes.

Esfuérzate por recordar los detalles y registrarlos en tu cuaderno. Escribe cada simbolismo personal que creas que es importante y lo que crees que significan.

Cada dos o tres semanas revisa las entradas en tu diario y busca patrones, símbolos recurrentes y posibles mensajes.

Luz índigo

La luz índigo se asocia con el chakra del tercer ojo.

También se le llama azul real. El índigo es el color de la sabiduría interna y el conocimiento profundo. Nos permite experimentar los dones espirituales.

· · ·

Para nutrir el chakra del tercer ojo con la luz índigo, debemos recurrir a la luz de la noche. La luz de la luna es la mejor manera de exponer todo el cuerpo al poder de este color. Puedes mirar las estrellas o la luna, o meditar bajo el cielo nocturno para obtener los poderes de la luz índigo.

Utilizar colores el tercer ojo en casa

El color índigo es una combinación de los colores violeta y el azul profundo. Rodéate de estos colores en casa y en tus espacios personales para asegurarte de que tu tercer ojo está expuesto constantemente a estos colores y a sus vibraciones. Esto va a ayudar a tener el chakra desbloqueado y saludable porque reconoce los colores como algo bello.

Puede ser en pinturas, tapetes, almohadas, cortinas o colchas. Y si te gustan estos colores incluso puedes utilizarlos como pintura de pared o en los muebles.

También puedes incorporar estos colores en tu guardarropa o en tu joyería. La plata es un metal que resuena bien con el tercer ojo, así que puedes utilizar joyería de plata con piedras preciosas de estos colores.

Aromaterapia

Los aceites esenciales son maravillosos en muchos sentidos.

· · ·

Los escépticos consideran que es un perfume glorificado, pero la ciencia ha confirmado sus propiedades terapéuticas. Nuestros nervios olfativos están directamente conectados con el cerebro y, cuando se inhala los aceites esenciales, se transmiten rápidamente en esta zona, en donde sus propiedades sanadoras hacen efecto rápidamente.

Los aceites esenciales tienen cualidades calmantes, energizantes y para aliviar el dolor, también pueden calmar la ansiedad, aliviar la depresión y promover el sueño, incluso pueden aumentar la concentración y muchas más cosas.

Si estos aceites esenciales son muy beneficioso para la salud del chakra del tercer ojo. Estas frases te ayudan a limpiar, nutrir y balancear tu chakra mientras también llenas tu casa de un aroma agradable. Puedes utilizar aceites esenciales de:

- Sándalo
- Nuez moscada
- Mirra
- Toronja
- Lavanda
- Manzanilla

Los aceites esenciales pueden utilizarse en un difusor. También se pueden echar unas cuantas gotas en el agua del baño para una experiencia relajante y refrescante. Otra opción es echar un poco de aceite esencial en las sábanas o poner una bola de algodón con unas cuantas gotas de aceite en la mesa de noche.

Puedes usar aceites esenciales mientras meditas para una mejor experiencia. También puedes colocarte unas gotas en el interior de los codos para que la fragancia permanezca contigo a lo largo del día. Incluso puedes colocar una gota de aceite esencial directamente en el lugar del tercer ojo, pero ten cuidado que no entre en los ojos.

Cristales y piedras para la curación del chakra del tercer ojo

Los cristales y las piedras contienen energía vibra Turia que resuena con los chakras. Puedes utilizar piedras o cristales con los colores asociados con el chakra del tercer ojo para mejorar tu intuición y llenarlo de energía saludable. Se recomiendan los siguientes cristales o piedras:

- Amatista
- Sodalita
- Fluorita morada
- Cianita índigo
- Obsidiana
- Lapislázuli
- Moldavita
- Azurita

Las piedras de los cristales se pueden utilizar en tu joyería o las puedes llevar en tu bolsillo para poder sostenerlos cuando quieras meditar. También puedes colocarlas como adorno en tu casa o en la oficina.

Practicar afirmaciones

Las afirmaciones son oraciones que te repites a ti mismo para darle poder a tu mente y reemplazar las creencias limitantes con algo más positivo. Se concentran en cualquier área de la vida que quieras mejorar, como puede ser las adicciones, la confianza en uno mismo, pensar demasiado y la productividad, entre otras cosas. Igualmente, las afirmaciones positivas se pueden utilizar para curar, nutrir y empoderar el chakra del tercer ojo.

Las afirmaciones sirven para reprogramar tu cerebro. Cuando repites una frase una y otra vez, el cerebro aprende a creer que es cierto.

Las afirmaciones son herramientas muy poderosas que se utilizan en muchos campos de la psicoterapia y también en los programas de rehabilitación.

Existen tres reglas básicas para las afirmaciones:

- Se deben decir en voz alta, aunque no necesariamente gritando. Está bien si las susurras mientras se pronuncien físicamente.
- Se deben decir con convicción.
- Siempre deben estar conjugadas en presente e incluso en futuro, pero nunca en pasado.

Al inicio puede parecer algo incómodo, pero debes seguir repitiendo la frase para que logres decir la con convicción y propósito. Algunas frases que te pueden ayudar a concentrarte en el espíritu y la intuición son las siguientes:

- Sigo mi intuición y sé que me llevará a un propósito más elevado.
- Soy intuitivo.
- Permanezco en el momento presente.
- Confío plenamente en mi ojo interior y permito que sea mi guía.
- Cada día mi ojo interno se vuelve más poderoso.
- Me siento más poderoso conforme se abre mi tercer ojo.
- Expando mi conciencia a través de mi tercer ojo.
- Estoy abierto al conocimiento del tercer ojo.
- Confío que mi vida se desarrolla como debe.
- Estoy alineado con la sabiduría universal divina.
- Soy libre de toda ilusión.
- Estoy conectado con mi ser elevado.
- Cada día mejoran mis habilidades psíquicas.
- Tengo una completa claridad de mente en todo lo que hago.

Estos ejemplos deben darte una idea de cómo funcionan las afirmaciones. Puedes elegir tres o cuatro para repetirlas cada día. Incluso puedes anotar y dejar que sean visibles a lo largo de tu día al poner las frases en tu escritorio o en la pared. Repite las afirmaciones por una semana y luego elige una nueva lista para la siguiente semana. Siéntete libre de escribir las afirmaciones que desees.

Experimenta con todas las técnicas de este capítulo para hacer que la transformación sea más poderosa. Algunas de las técnicas requieren ejercicio, una dieta o simplemente sentido común. Otras requieren práctica y compromiso.

Pero todas son complementos excelentes para la meditación y los ejercicios rutinarios, además de que no son difíciles de añadir a tu vida diaria.

6

Balancear los siete chakras

EL CHAKRA del tercer ojo no funciona por sí solo. Es parte de un sistema de chakras que atraviesan todo nuestro cuerpo. Por lo tanto, es muy importante tener un sistema de chakras saludable si es que queremos despertar el chakra del tercer ojo.

Hace muchos siglos, las culturas antiguas sabían que todos los seres vivos tenían una fuerza de vida. La energía cósmica o fuerza de vida era llamada "prana". Las civilizaciones antiguas creían que los chakras funcionaban en conjunto con el flujo de prana. Los chakras derivan esta fuerza de vida a partir de la energía del cosmos, la cual se está recargando constantemente.

Los siete chakras son centros de energía no física que recorren todo el cuerpo como un circuito.

. . .

El propósito de los chakras es conectar el cuerpo físico con el cuerpo espiritual al regular el flujo de energía cósmica a través de la red de meridianos.

El balance de los chakras

Nuestro cuerpo y mente son interdependientes. Ambos están influenciados por nuestra propia energía. El sistema de los chakras es muy bueno para dividir la energía del prana que nos afecta de forma física y emocional. Por eso deben estar alineados y balanceados.

El estrés, la ansiedad, los problemas emocionales y los problemas de salud pueden afectar los chakras porque se pueden bloquear y así no fluye la prana entre los chakras.

Como resultado, podemos llegar a experimentar síntomas de desbalance como el aislamiento emocional, depresión, sin creatividad y rigidez mental, además de varios problemas físicos.

Mantener los chakras abiertos y balanceados permite que la prana fluya libremente en todo el cuerpo, lo que significa que todo está sano. Aprender más sobre los chakras te va a permitir estar atento a las señales y los síntomas de que un chakra o más está bloqueado, además de que sabrás qué hacer para recuperar el balance.

Los siete chakras

Existen otros seis chakras aparte del chakra del tercer ojo que tienen funciones y asociaciones específicas dependiendo de su ubicación.

Primer chakra: chakra de la raíz (Muladhara)

En sánscrito significa raíz de apoyo. Se localiza en la base de la columna vertebral y su función es conectar tu energía con la tierra. En otras palabras, te mantiene con los pies en la tierra. El chakra de la raíz se asocia con la supervivencia básica. Esto significa comida, agua, refugio y vestimenta a nivel básico para protegerte de los elementos. Hoy en día podemos añadir la seguridad financiera, seguridad laboral y salud.

Cuando el chakra de la raíz está balanceado nos proporciona una sensación de seguridad y gratitud por todas las cosas materiales que tenemos. Cuando está bloqueado o demasiado activo, el resultado de ese miedo, preocupación, inseguridad o pánico irracional respecto a la supervivencia. El chakra de la raíz se asocia con el color rojo.

. . .

Segundo chakra: sacro (Svadhisthana)

En sánscrito significa el lugar del ser y simboliza la identidad y todas las diferentes maneras de expresar la identidad. La función de este chakra es enriquecer tu vida al activar y fortalecer la creatividad. Es la fuente creativa del prana que permite que disfrutes de los placeres de la vida.

Cuando este chakra está balanceado, vas a disfrutar de todas las cosas que la vida te ofrece: amistad, una vida social, buena alimentación, música y arte. Si está bloqueado, tal vez te descubras sintiéndote sin vida o sin energía. Si está demasiado activo, tal vez tengas muchas indulgencias, en especial con la comida. Este chakra también suele ser la raíz de muchas adicciones cuando está muy activo. Se localiza debajo del ombligo y se extiende hasta el estómago. Se asocia con el color naranja.

Tercer chakra: plexo solar (Manipura)

En sánscrito significa gema brillante. Aquí es donde reside la fuerza interior, la resistencia y la confianza en uno mismo. El chakra del plexo solar te llena de confianza y energía para superar las adversidades y evitar situaciones desagradables. Cuando este chakra está bloqueado, nos volvemos indecisos, nos sentimos abrumados o somos incapaces de lidiar con las situaciones difíciles. Cuando está demasiado activo puede haber una tendencia a tener demasiada confianza, a tomar decisiones apresuradas o actuar sin pensar. Se localiza en el centro del vientre y se asocia con el color amarillo.

Cuarto chakra: corazón (Anahata)

En sánscrito significa que no tiene lesiones. La función de este chakra es albergar los sentimientos de amor, compasión, amabilidad y empatía. También se asocia con la salud física y mental y con la sanación. Por ser el chakra que está en el medio, tiene un significado importante: conecta los chakras inferiores asociados con el reino físico con los chakras superiores asociados con el reino espiritual.

Cuando este chakra está balanceado sentimos que todo está bien con el mundo, nos sentimos en armonía con el universo e irradiamos amor, tolerancia y amabilidad con todas las personas. Los síntomas de un chakra corazón sin balance incluyen egoísmo y una tendencia a sobrepasarse con las cosas. También puede crear sentimientos de celos y envidias. A nivel físico hay palpitaciones, agruras, atracciones no saludables y relaciones tóxicas. Se localiza en el centro del pecho, exactamente sobre el corazón físico. Se le asocia con el color verde.

Quinto chakra: garganta (Vishuddha)

. . .

Significa muy puro. Simboliza la voz del ser superior y de la verdad. Te permite ser honesto y siempre decir la verdad. Se relaciona con la expresión del pensamiento y te permite hablar de forma articulada y comprensible. Cuando el chakra de la garganta no tiene balance, podemos sentir que somos insignificantes, que no nos escuchan o que nos ignoran. También puede ser un síntoma la incapacidad para articular las palabras apropiadas en determinadas situaciones. Los síntomas físicos incluyen infección de garganta y problemas con los dientes, en las encías y sinusitis.

Algunas veces, este chakra puede volverse demasiado activo, lo que resulta en que la persona habla demasiado fuerte o que tiene una tendencia a interrumpir a los demás. Se localiza en la zona de la garganta y su color es azul.

Sexto chakra: tercer ojo (Ajna)

No hace falta que los repitamos en esta sección.

Séptimo chakra: corona (Sahaswara)

Su traducción es que tiene miles de pétalos. Simboliza la energía completamente espiritual y consciente. Se cree que es una de las conexiones con el cosmos. Se suele representar como una flor de loto. No es fácil lograr un chakra de la corona perfectamente balanceado. De hecho, es imposible abrir este chakra completamente de acuerdo con las filosofías antiguas, ya que los niveles de la conciencia que desbloquea están más allá de la capacidad humana. El chakra de la corona se asocia con una conciencia muy elevada, la liberación de las creencias limitantes, una sensación de éxtasis y la comunión con lo divino.

La filosofía tántrica cree que nos conecta con lo eterno.

Es el punto de conexión entre el presente, el futuro y lo infinito.

Los síntomas de un chakra de la corona bloqueado incluyen depresión, avaricia, una personalidad dominante y comportamiento destructivo. Los síntomas físicos incluyen trastornos en la glándula pituitaria, fatiga crónica, pérdida de cabello y migraña. Las manifestaciones más serias pueden ser tumores en el cerebro y cáncer. Existe la teoría de que un chakra bloqueado también se pueden manifestar en las tendencias ateas y el rechazo de lo espiritual y lo divino. Sin embargo, es muy posible lograr el balance de este chakra. Se localiza en la parte superior de la cabeza, justo en la coronilla y es de color violeta.

· · ·

Síntomas de un sistema de chakras bloqueado

Obviamente, un bloqueo en uno o varios chakras puede afectar el flujo de energía. Es muy importante trabajar en la sanación de los chakras individuales para mantener la salud espiritual y física.

Pero, algunas veces, todo el sistema de chakras puede necesitar un ajuste o balanceo para sincronizar todos los chakras. Los síntomas pueden variar dependiendo del chakra que necesita atención, pero la siguiente lista son las señales de advertencia generales:

- Dificultad para expresar y articular los sentimientos.
- Inseguridad personal y financiera.
- Dificultad para abrirse en una relación.
- Dolor de hombros.
- Tener una mala imagen de sí mismo.
- Baja autoestima.
- Problemas digestivos.
- Problemas de peso.
- Fatiga crónica.
- Miedo al rechazo.
- Avaricia excesiva.
- Dificultad para ser asertivo.
- Problemas linfáticos.
- Depresión.
- Hipersensibilidad a la luz o al sonido.

- Problemas hormonales.
- Sentimientos de aislamiento y soledad.
- Celos excesivos.
- Infecciones de garganta.
- Falta de motivación.
- Pesimismo y cinismo excesivos.

Balancear los siete chakras

Si tienes uno o más de los síntomas anteriores, es buena idea trabajar en eso como parte del despertar del tercer ojo. Aquí hay algunos pasos efectivos para balancear cada chakra.

Balancear el chakra raíz

- Trabaja para sentir seguridad en relación con la supervivencia, ya sea ahorrando dinero, pagando las cuentas y tener las necesidades básicas.
- Las meditaciones del tercer ojo que has aprendido te pueden ser útil es para conectarte con el los chakras espirituales que ayudarán a sanar y balancear el chakra raíz.
- Pasar más tiempo en la naturaleza para abrir el chakra raíz y tranquilizarte. Hacer jardinería y cosechar alimentos.

Balancear el chakra sacro

- La clave es la moderación. Una dieta saludable y una rutina de ejercicios son muy importantes para balancear este chakra.
- Disfrutar de experiencias de vida como viajar, leer, tomar clases creativas y asistir a galerías de arte. Esto te ayudará a conectar con los placeres de la vida.
- Tomarse el tiempo para apreciar y pasar tiempo con los seres amados.

Balancear el chakra del plexo solar

- Este chakra está muy relacionado con el del tercer ojo, por lo que balancear el chakra del tercer ojo tendrá un efecto positivo en el chakra del plexo solar.
- Si tienes una tendencia a hablar demasiado hoy interrumpir a los demás, elige escuchar y hacer una pausa antes de hablar.
- Haz una lista de las cosas si crees que son buenas y realiza el ejercicio de afirmaciones.

Balancear el chakra del corazón

- Uno de los síntomas del desbalance en este chakra es ser demasiado egoísta o demasiado desinteresado.
- Si pasas mucho tiempo haciendo cosas por lo demás, usa algo de ese tiempo para cuidar de ti mismo. Puedes salir con tus amigos o pasar un día en el spa, o simplemente tomar un baño con unas gotas de aceite esencial.
- Si tienes la tendencia a ser demasiado egoísta, intenta ser más amable con los demás, sonríeles a los extraños o halaga a tus compañeros de trabajo de forma sincera.

Balancear el chakra de la garganta

- Practica expresar tus emociones de forma articulada y tranquilidad.
- Sé sincero con los demás.
- Practica hablar claramente, incluso si es sólo contigo mismo.

Balancear el chakra de la corona

· · ·

No hay una forma específica para balancear este chakra. Esto se debe a que los poderes asociados con él son demasiado elevados para afectar a los seres humanos. No se puede abrir por completo a este chakra. Por lo tanto, necesitas mantener un chakra de la corona saludable al tener en balance los otros chakras y trabajar en tu desarrollo espiritual.

Meditación básica para balancear y alinear los chakras

Estos son los métodos de meditación más comunes para alinear el sistema de chakras

Meditación 1

- Siéntate cómodamente con la espalda recta. La posición del loto es ideal para esta meditación, pero también puede sentarte en una silla.
- Comienza a respirar lentamente. Concéntrate en tu respiración y siente cómo se mueve el aire en tu interior hasta llegar al chakra de la corona y luego cómo sale cuando exhales.
- Repite 20 veces.
- Detente y visualiza cada chakra. Comienza con la base de la columna vertebral y el chakra raíz de color rojo.
- Visualiza la energía fluyendo de tu cuerpo hasta

el chakra raíz y cómo se va llenando eventualmente con una luz rojo brillante.

- Cuando estés listo, pasa al chakra sacro y visualiza la energía llenando esta zona con su respectivo color.
- Continúa la meditación con cada chakra hasta terminar con el chakra de la corona.
- Puedes terminar la meditación en este punto o repetir la visualización comenzando con el chakra de la corona y terminando en el chakra raíz.
- Cuando hayas terminado, vuelve a la realidad con unas respiraciones profundas.

Meditación 2

- Recuéstate en un lugar silencioso donde te sientas tranquilo.
- Respira lentamente por unos cuantos minutos, liberando toda la atención.
- Establece la intención "ahora voy a balancear y a alinear mis chakras".
- Y coloca una mano en el chakra raíz en la base de la columna vertebral y otra mano sobre el chakra sacro.
- Descanso a las manos en estos dos chakras hasta que sientas que la energía se ha igualado en ambos. Se puede sentir como calidez o unas

pulsaciones. Si no sientes nada, no te preocupes, simplemente deja las manos en los chakras hasta que te sientas listo para seguir adelante.

- Dejando una mano en el segundo chakra, mueve la otra hasta el tercer chakra y repite.
- Continúan avanzando por cada chakra hasta que hayas llegado al chakra de la corona.
- Permanece en la coronilla unos momentos hasta que experimentes una sensación de bienestar y de energía que recorre todo tu cuerpo.

Los chakras funcionan en conjunto para igualar e integrar la salud emocional, física y espiritual. Mantener los chakras balanceados te ayudará a mantenerte equilibrado con tu yo interior y aumentar tu autoconciencia.

7

Visiones psíquicas y clarividencia

Un CHAKRA del tercer ojo despierto y saludable abre la puerta a la percepción pura y a la visión interior. Esto te va a permitir tener una consciencia más elevada y te permite trascender el reino físico para disfrutar de los dones espirituales. Es importante comprender que estos dones espirituales sólo son accesibles por medio del estímulo continuo y la interacción con el ojo interior.

Visiones psíquicas y clarividencia

Ambos son partes del espectro de habilidades psíquicas que se pueden desarrollar. Las visiones psíquicas son una forma de clarividencia en la que recibes información sobre algo que sucederá en el futuro.

. . .

La clarividencia puede tomar y la forma de visiones psíquicas, así como información que recibe es sobre personas y eventos por medio de la intuición o la lectura de las auras. Un sentido de la clarividencia muy desarrollado también puede permitir percibir la energía de cierta persona, lugar o cosa.

¿Qué es una visión psíquica?

Una experiencia o visión psíquica es una visión tan vivida, intensa y clara que a veces parece más realista e irracional que la vida real. Algunas características son:

- También se le llama iluminación.
- Puede suceder por un trauma emocional o físico.
- Pueden ocurrir como sueños cuando duermes, estando despiertos o durante la meditación.
- Puede tomar la forma de una película que es visible con los ojos cerrados o en tu mente.
- Es posible ver luces o auras en la visión periférica, o el aura de una persona se puede hacer visible cuando no estás intentando verla. Tu intuición te dirá lo que significa.
- Sueños claros en los que puedes controlar lo que sucede o en los que sabes lo que sucederá.
- Las visiones psíquicas te proporcionan información a la que no puedes acceder por medio de otros sentidos.

¿Qué significan las visiones psíquicas?

Algunas visiones psíquicas tienen relevancia inmediata para ti, por lo que serás capaz de comprender su significado de inmediato. Otras visiones pueden ser más confusas o no tener relación.

La primera forma de interpretar los sueños psíquicos es usar tu intuición para intentar comprender su significado.

El segundo método es practicar la siguiente meditación:

- Siéntate o recuéstate cómodamente, respira profundamente, relájate y concéntrate en tu tercer ojo.
- Pídele a tu tercer ojo que te diga lo que significa la visión.
- Espera la respuesta y, sin nada llega, continúan preguntando y esperando.
- Debe recibir una respuesta eventualmente, pero sí no es el caso, termina la meditación. Es posible recibir el mensaje durante el día o algunos días después.

Las visiones psíquicas pueden ser un Don Maravilloso de amor para alguien que necesita una guía en su vida.

. . .

Un sueño psíquico puede ser capaz de ayudar a alguien a encontrar un propósito y cumplir su destino. Las visiones psíquicas también pueden ser útiles para evitar el peligro.

Por otra parte, las visiones psíquicas pueden ser extremadamente perturbadoras para la salud emocional, como cuando se recibe la noticia de la muerte de una persona.

Es importante establecer que nadie es capaz de predecir la muerte de otra persona de forma concluyente.

En la mayoría de los casos, la visión simboliza una enfermedad grave o un daño serio a la persona en cuestión. En cualquier caso, estos tipos de ediciones pueden ser perturbadores. Debes estar preparado para recibirlos, pero nunca decirle a nadie que está a punto de morir. Siempre debes esperar y ver si vas a recibir mensajes futuros que aclaren el mensaje de la primera visión.

¿Qué es la clarividencia?

Significa literalmente ver claramente. Esto se refiere a las visiones, sueños psíquicos, mensajes intuitivos y otras formas de visión o sabiduría que recibes a través del tercer ojo.

Algunas veces, estos momentos pueden ser breves y poco sorprendentes, aunque otras veces pueden ser muy vividos. Algunas veces pueden ser una premonición sobre algo o alguien.

Las características básicas son las siguientes:

- Destellos psíquicos: pueden ser colores, luces danzantes o puntos flotantes, incluso a la aparición repentina de un rostro.
- Cuando tengas ganas, va a ser muy sencillo soñar despierto e ignorar las distracciones. Puedes tener visiones psíquicas durante estos momentos.
- Serás capaz de ver cómo las cosas encajan. Vas a tener muchas de estas dos de las distintas áreas de tu vida. Vas a obtener mucha sabiduría.
- Tal vez descubras que tu sentido de la orientación es muy certero.
- Puedes recibir mensajes por medio del oído Psíquico o de los sentidos psíquicos, incluso por medio del conocimiento psíquico en el que simplemente sabes que algo va a ocurrir.
- Puedes tener visiones de cómo planear ciertos eventos en tu vida.

Ejercicios para desarrollar las habilidades psíquicas y clarividentes

. . .

Mantener el tercer ojo abierto y balanceado es la mejor forma de tener acceso a los dones espirituales. Considera que no hay un método garantizado para volverte más clarividente y obtener más visiones psíquicas. Algunas personas experimentan estos dones más frecuentemente, mientras que es raro en otros. Sin embargo, estas son unas cuantas maneras de desarrollar una mejor conciencia para desarrollar los poderes espirituales.

Meditación

Todos los ejercicios de meditación que ya hemos explicado se deben practicar de forma regular. Este es el mejor método para desarrollar los dones espirituales. Además, puedes practicar esta meditación:

Siéntate o recuéstate y cómodamente. Respira profundamente hasta que te sientas relajado.

- Cierra los ojos y visualiza un punto detrás de tu frente, justo frente a tu tercer ojo. Imagina que es una pantalla negra.
- Concéntrate en la pantalla con tu tercer ojo.
- Esperan y observa lo que aparece en la pantalla.
- Continúa la meditación durante diez minutos.
- Puede ser que no tengas una visión vívida y clara, pero puedes recibir destellos psíquicos o algo de intuición.

Cristales que promueven la clarividencia

Ciertos cristales y piedras pueden utilizarse durante la meditación para liberar la mente, permitiendo el paso de la energía psíquica. Pueden ser un ópalo cereza y aquamarina, esmeralda y labradorita amarilla. Coloca una de estas piedras en tu tercer ojo conforme meditas recostado.

Ejercicios de visualización

Practica la visualización tanto como puedas por unos cuantos minutos. Es uno de los métodos más efectivos para desarrollar la clarividencia y ejercitar el tercer ojo.

La mejor manera de desarrollar tus dones especiales es aprendiendo a ver imágenes claras con tu tercer ojo.

Ejercicio 1: el lugar perfecto

Siéntate o recuéstate en una posición relajada y visualízate en el lugar de tus sueños. No necesariamente tienes que haber estado en ese lugar en el pasado. Puede ser una isla desierta, una playa tranquila o cualquier cosa.

. . .

Imagina cada detalle con tu tercer ojo para que puedas sentir que realmente estás ahí. Piensen en los aromas, los colores, las sensaciones y cada pequeño detalle.

Ejercicio 2: objetos y símbolos

Visualiza cualquier objeto o símbolo de tu elección con tu tercer ojo hasta que seas capaz de verlo claramente y con muchos detalles con el ojo de tu mente. También puedes visualizar caras.

Ejercicio 3: visualizar tu arte

Escribe tu nombre de un pedazo de papel y utilizan marcadores de colores para decorar las letras. Usa colores y diseños vibrantes. Cuando hayas terminado, mira tu trabajo por un minuto con tus ojos y visualízalo con tu tercer ojo. Recuerda todos los detalles que te sean posibles.

Ejercicio 4: flores

. . .

Prepara un pequeño montón de flores de diferentes tipos y colores. Toca las flores, pon atención a las formas, texturas y colores. Tómate el tiempo que necesites.

Deja las flores, cierra los ojos y respira profundamente. Y concéntrate con tu tercer ojo y visualiza el montón de flores descansando dentro de tu tercer ojo. Intenta recordar cada detalle, color o textura.

Espera la llegada de cualquier visión, símbolo un mensaje. Si no llega, puedes continuar tu ejercicio de forma regular. Puedes hacer este ejercicio con hojas o incluso semillas. El objetivo es usar objetos que te ayuden a mantener los pies en la tierra.

Ejercicio 5: juegos de memoria

Esta es una excelente forma de desarrollar tu tercer ojo y fomentar la percepción. Existen muchos juegos de memoria que puedes jugar en línea.

Un juego es el objeto perdido en el que toda la familia tiene que esconder un objeto de su habitación luego esperar en otro cuarto. Regresa a la habitación e intenta descubrir cuál es el objeto escondido.

· · ·

Otro ejercicio es acomodar varios objetos en una mesa y mirarlos por un momento tratando de recordar cómo están acomodados. Cierra los ojos y pídele a un amigo que los acomode nuevamente. Abre los ojos y trata de adivinar cuáles se han movido.

Acceder a tus habilidades psíquicas es un gran esfuerzo.

Deberías practicar de forma estructurada irregular los ejercicios aquí descritos. Aquí es cuando te desconectas de las distracciones del mundo exterior y te haces tiempo para desarrollar tus dones en paz y tranquilidad. Puedes el que tengas experiencia psíquica durante tus sesiones de práctica, pero debes saber que estás estableciendo las bases para cultivar estas habilidades. Debes estar abierto y alerta a las experiencias psíquicas en tu vida diaria.

Por último, aprende a confiar en los mensajes de tu tercer ojo. Es natural que tengas escepticismo al inicio. Puedes ignorar los mensajes sutiles y decirte que son juego de tu mente. Pero cuando tengas más experiencia, vas a aprender a confiar en tu intuición y habilidades psíquicas.

8

¿Qué significa ser psíquico?

EL TÉRMINO psíquico es uno de los más conocidos por todo el mundo. Una de las primeras imágenes que vienen a la mente es la de una mejor escéptica prometiendo un mejor futuro por sólo unos cuantos billetes. Otra imagen puede ser la de una persona utilizando habilidades psíquicas para decirle a cada miembro lo que es cada tarjeta frente a él o para levitar una mesa frente a la audiencia. No hace falta decir que la mayoría de estos ejemplos no son nada más que trucos. Por desgracia, esa imagen falsa hace que las personas pierdan consideración por el fenómeno real, uno que afecta a cada persona de forma diaria. Esto tiene como resultado que muchas personas caen en la trampa y usan sus habilidades para transformar sus vidas. Por lo tanto, es importante definir lo que significa ser un psíquico para ayudar a descubrir tus propias habilidades y talentos.

La mejor forma de entender el término psíquico es considerando la palabra misma. Viene de la palabra griega "psyche", que significa mente o alma. Esta raíz la comparten otras palabras que tienen en común el enfoque en la mente y no en el cuerpo físico. Una persona con habilidades psíquicas obtiene información o realiza tareas sin tener que utilizar sus cinco sentidos físicos.

Muchas tradiciones antiguas aprovechan la noción de que el alma tiene capacidades sensoriales. En otras palabras, el alma también puede escuchar, sentir y ver sin tener que utilizar los sentidos físicos. Esto permite a la persona ver más allá de su espacio físico y también le permite ver cosas que de otra forma son invisibles para el ojo físico.

Por ejemplo, los pensamientos no pueden ser escuchados con el oído físico, pero sí con el oído de la mente ya que existen en el reino de la mente. La habilidad para escuchar cosas con la mente se conoce como clariaudiencia.

El mismo fenómeno se puede encontrar en términos de la vista. La clarividencia es la habilidad para ver con la mente. Esto le permite a la persona ver más allá de lo que perciben los ojos físicos. Esto puede ser eventos futuros o las intenciones de otra persona.

Otro término que se utiliza para describir estas habilidades es sobrenatural, lo que significa que va más allá de lo natural. Por desgracia, este término también puede ser confuso, pero básicamente significa que va más allá de los cinco sentidos físicos. Ésta puede ser la definición más concisa sobre los fenómenos y las habilidades psíquicas.

Uno de los errores más comunes es que se cree que todas las habilidades psíquicas son las mismas. Un buen ejemplo de esto puede ser el caso de los médiums. Un médium es alguien que puede comunicar un mensaje y visiones a una persona al acceder al reino de los espíritus.

También pasa que a estas personas se les llama lectores de la fortuna y se les cataloga como estafadores. Otro término que se utiliza es psíquico, el cual tiene una distinción importante. Aunque todos los médiums son psíquicos, no todos los psíquicos son médiums. Una persona puede tener habilidades psíquicas y no ser capaz de leer la mente de una persona o ver eventos lejanos. Existen muchas categorías diferentes de habilidades psíquicas, cada una con sus propias cualidades y habilidades, lo que hace que dos psíquicos no sean iguales.

¿Quién tiene potencial psíquico?

La distinción es muy importante cuando se trata de determinar las habilidades psíquicas de cada uno. Sólo porque no tengas sueños vividos no significa que no tengas habilidades. Existen una gran cantidad de habilidades psíquicas, por lo que es importante tener una mente abierta sobre el descubrimiento del potencial de cada uno. Todos tienen potencial psíquico, ya sea de una forma u otra.

Esto se debe a que todos son un ser espiritual o un alma.

Cualquier persona con un cuerpo físico tendrá sentidos físicos, por lo que cualquiera con un espíritu o un alma tendrá habilidades psíquicas. El truco es descubrir la habilidad de cada uno.

Así como no todos tienen la misma agudeza visual, no todos tienen la misma claridad de visión mental. De la misma forma funcionan las habilidades psíquicas. No todos pueden leer mentes o predecir el futuro. No hace falta decir que lo importante no es corregir las cosas que están equivocadas, sino desarrollar el mayor nivel posible.

Una buena manera de considerar esto es imaginar un equipo de béisbol.

Un buen entrenador permite que un buen pícher mejores sus habilidades de pitcheo mientras que deja a los bateadores practicar sus habilidades de bateo. Lo mismo sucede con las habilidades psíquicas. Debes encontrar una habilidad en la que seas bueno y seguir desarrollando esa. De esta forma te va a servir en tu vida diaria y te va llevar a un nivel completamente diferente.

Algunas personas tienen más habilidades que otras cuando se trata de habilidades psíquicas. Por suerte, existen algunas pruebas sencillas que te ayudarán a identificar si eres una persona con habilidades psíquicas fuertes o no. Una de estas pruebas es en el área de los sueños. Si tienes muchos sueños vividos, tienes más probabilidades de tener habilidades psíquicas poderosas.

De hecho, la habilidad para recordar sueños es otro indicador del potencial psíquico. Si sueles tener instintos o presentimientos como para evitar a ciertas personas o situaciones, entonces eres un psíquico natural, probablemente. Las visiones de los eventos futuros, la habilidad para sentir las emociones de otras personas y cuáles son sus pensamientos también son señales de una habilidad psíquica más desarrollada. La razón de estos eventos indica mucho potencial psíquico que no se relaciona con los sentidos físicos.

Por lo tanto, una persona que puede soñar vívidamente y recordar sus sueños, utiliza el ojo de su mente de forma real. Alguien que tiene buenos instintos está en contacto con su intuición, y así con lo demás.

· · ·

¿Cómo pueden impactar las habilidades psíquicas en tu vida diaria?

Como con cualquier habilidad, las habilidades psíquicas se pueden utilizar de muchas maneras para mejorar y transformar la vida de una persona. Un ejemplo es en el área de la intuición. Muchas personas tienen que tomar decisiones diariamente que van a impactar sus vidas de una forma u otra. Aunque suele haber información disponible para tomar estas decisiones, también puede involucrar mucha intuición que puede hacer la diferencia. La intuición te puede ayudar a tomar decisiones en situaciones importantes.

Los sueños también pueden resultar útiles para tomar decisiones. Muchas personas suelen decir que lo van a consultar con la almohada. Aunque esto puede significar que la persona quiere más tiempo para pensarlo, la realidad es que las habilidades psíquicas literalmente pueden ayudar a elegir una opción.

Utilizar los sueños para tomar decisiones o comprender la complejidad de los eventos te puede ayudar a ver el futuro para ver qué camino escoger. Esto no solo te ayuda a tomar decisiones, sino que también te ayuda asegurarte de que es la mejor decisión en cada oportunidad.

. . .

Además, se ha comprobado con muchos estudios que muchos artistas, científicos e inventores han utilizado los sueños para resolver problemas o desbloquear todo su potencial. Esta habilidad no sólo marca la diferencia entre éxito y fracaso, sino que también está comprobada.

La intuición te puede ayudar a involucrarte de manera más significativa con las personas a tu alrededor. Esto significa que te ayuda a mejorar tus relaciones personales.

Un buen ejemplo de esto es la empatía. Una persona con empatía es alguien que puede sintonizar las emociones de otra persona, otra manera de ayudarte es protegerte de aquellos que te quieren engañar con negocios fraudulentos. El sentir las emociones de otra persona te puede ayudar a determinar su sinceridad. Sin embargo, la principal aplicación de la empatía es la habilidad de saber cómo se siente una persona para conectar mejor con ella y ayudarle a superar sus momentos de dificultad.

Al compartir el dolor de otra persona puedes demostrar tu capacidad para decir las cosas indicadas y ofrecer el mejor consejo. Esta habilidad te ayudará a sentirte más conectado con las personas a tu alrededor de una manera que va a transformar tu experiencia de vida. Ya no vas a sentir que eres un individuo solo en el mundo, sino que vas a sentir que todos los seres vivos están conectados.

· · ·

Establecer reglas para asegurar un mejor control de tus habilidades

Por supuesto, no hace falta decir que las grandes habilidades tienen grandes responsabilidades. En consecuencia, es muy importante que aparte de descubrir y desarrollar tus habilidades, también establezcas reglas que te sirvan para proteger a las personas a tu alrededor y a ti mismo.

Sin estas reglas, inevitablemente llegarás a una situación en la que otros te pueden lastimar y en la que tú puedes lastimar a otras personas. Ya que las habilidades psíquicas vienen del alma, ese daño puede llegar a sentirse a nivel espiritual, lo que hace mucho más difícil la recuperación.

Por lo tanto, es muy importante prevenir esos incidentes.

Una de las reglas más importantes es darte tiempo a ti mismo para recargar tus energías. Es bastante común que las personas que descubren y desarrollan sus habilidades psíquicas tienden a ayudar a las personas a su alrededor. La habilidad para conectar con los sentimientos de los demás, ayudar a curar sus dolores y preocupaciones o incluso acceder al reino espiritual para predecir el destino de otra persona son propósitos nobles, pero todo tiene un costo. Cada habilidad psíquica requiere energía y, como tal, debes tener cuidado para no agotar todas tus fuerzas intentando salvar al mundo.

Por lo tanto, el truco es establecer un presupuesto cuando se trata del tiempo y energía que le dedicas a los demás. Una de las mejores reglas es dedicarte tiempo a ti mismo para permitir que recargues energías y restaurar la tranquilidad de tu mente. Esto evitará que te agotes, que te deprimas o que te sientas muy abrumado.

Otra regla muy importante es respetar la privacidad de otras personas. Sólo porque puedes leer los pensamientos de los demás, no significa que deberías hacerlo. Tampoco significa que las personas quieren que lo hagas. Una buena regla que te ayudará a respetar a los demás es usar tus habilidades sólo cuando es necesario para su bienestar.

Por lo tanto, sólo debes usar estas habilidades cuando sea necesario y nunca debes abusar de ellas ni utilizarlas para intimidar a los demás.

9

Meditación para las habilidades psíquicas

Una de las principales herramientas para desarrollar las habilidades psíquicas es la práctica de la meditación. Esta práctica ha existido por miles de años, ha ayudado a infinidad de personas en todo el mundo a lograr grandes beneficios. Por suerte, no necesitas buscar la verdad o la iluminación para que ésta sea una herramienta útil.

Millones de personas en la actualidad utilizan la iluminación por varias razones, incluyendo todo tipo de desarrollos espirituales hasta el alivio del estrés y la restauración física.

En este capítulo vamos a proporcionar un entendimiento básico de la meditación, así como varias formas en las que te puede ayudar a mejorar tus habilidades psíquicas. Además, te proporcionaré instrucciones de algunas formas de meditación para ayudarte a comenzar con esta práctica y tener una base sólida.

. . .

Los fundamentos de la meditación son básicamente los mismos en cada práctica, a pesar de las muchas diferencias que hay entre cada una. La premisa básica es que la persona tiene que encontrar un lugar callado en el que puede estar solo o sin interrupciones por un periodo de tiempo específico. En ese tiempo, comenzará a excluir las influencias externas y las distracciones, para concentrarse sólo en la realidad interior.

La respiración también juega un papel muy importante en la práctica, ya que le proporciona al individuo un punto de concentración que le permite lograr la calma y el estado consciente que tiene como objetivo. Sentarse en una posición cómoda también es importante.

Sin embargo, más allá de esto hay otros elementos que son más específicos según la versión, por lo que hay diferentes experiencias que permiten lograr diferentes resultados.

Por ejemplo, la reflexión consciente es un objetivo común que comparten muchos practicantes de la meditación.

Ciertas formas de meditación te permiten desarrollar una sensación de concentración y claridad mental, deshaciéndose cada día de las cosas innecesarias en la mente de la persona. La relajación es otro beneficio resultante de casi todas las formas de meditación, incluyendo la que se conoce como escaneo del cuerpo. Esta forma también se utiliza para mandar energía sanadora y restauradora a las partes del cuerpo que están sufriendo.

En resumen, existen dos categorías principales de meditación: reflexiva y tranquilizante. La meditación tranquilizante son aquellas técnicas que se concentran en el alivio del estrés del cuerpo y la mente. Por su parte, la meditación reflexiva es aquella que se concentra en mejorar la consciencia mental y física.

Hay una distinción más que vale la pena mencionar en términos de formas diferentes de prácticas de meditación: la meditación guiada o no guiada. La meditación guiada simplemente sugiere que practiques bajo las instrucciones de un guía.

Ese guía puede ser una persona real, como un instructor espiritual, o puede ser un mensaje pregrabado que va explicando cada paso para que comprendas el proceso.

La meditación sin guía simplemente significa que eliges hacer tu práctica en silencio y solo. Se recomienda que los principiantes realicen la meditación guiada para comprender mejor las prácticas. Esto también proporciona la oportunidad de hacer preguntas en el caso de que la meditación tenga un guía en persona.

¿Cómo ayuda la meditación a desarrollar las habilidades psíquicas?

La pregunta que muchas personas se realizan es cómo puede ayudar la meditación a desarrollar las habilidades psíquicas. De hecho, existen varias maneras en las que las prácticas de meditación pueden ayudar a una persona a descubrir, fomentar y aprovechar sus habilidades psíquicas. Una de las maneras más inmediatas para lograr este objetivo es ayudar al individuo a liberar su corazón y mente de todo el caos de las cosas ordinarias que nos afectan. La mayoría de las personas tienen una gran cantidad de pensamientos, preocupaciones, imágenes e incluso canciones que se están reproduciendo en la mente en cualquier momento.

Todo este ruido sólo sirve para hacer más difícil la conexión con la intuición, la perspectiva y otras habilidades psíquicas que requieren una mente tranquila y concentrada. Al deshacerse del ruido, la meditación puede crear el entorno necesario para una actividad psíquica efectiva.

Otra forma en la que la meditación ayuda a mejorar las habilidades psíquicas es incrementar la claridad y la consciencia mental. Las técnicas para lograr este objetivo son de categoría reflexiva. Una persona que practica la meditación reflexiva ejercita su mente y su conciencia para mejorar la habilidad de resistirse a las distracciones y volverse más consciente de las energías que la rodean.

Como ya hemos mencionado, la actividad psíquica involucra a la mente, por lo tanto, cualquier ejercicio que fortalezca la mente y mejore cosas como la concentración, la percepción y la disciplina mental son algo positivo. Es completamente normal comenzar con algo pequeño y luego seguir desarrollando las otras habilidades. La meditación es exactamente lo mismo, hay que fortalecer los músculos necesarios para realizar actividades psíquicas.

La tercera y última forma de meditación, menos conocida, ayuda a desarrollar las habilidades psíquicas de forma tal que la persona se conecta con su voz interior. Ya sea que la meta sea excluir las distracciones externas o eliminar el ruido interno, el resultado de la meditación es el mismo, una sensación aumentada de intuición. Después de todo, una vez que todas las distracciones ya no existen, lo único que queda es la voz verdadera del individuo. Estas voces son lo que se le conoce como intuición, o el instinto de una persona. Entre más fuerte sea la voz, más fuerte serán las habilidades de la persona. Además, la meditación ayuda al individuo a conectarse con sus guías espirituales. Así, escuchar la voz interna es esencial para la práctica psíquica, y también lo es escuchar la voz de las guías espirituales.

· · ·

Por lo tanto, la meditación es una herramienta muy importante que ayuda a la persona a descubrir y conectar con la parte central de cualquiera habilidad psíquica.

Además de que el incremento de la reflexión y la disminución de las distracciones, no hay duda de por qué las personas que practican meditación regularmente son los psíquicos más efectivos.

Cómo realizar la meditación de visualización

La meditación de visualización es una práctica que ayuda al individuo a concentrar su habilidad para conectar con los objetos y las personas de forma remota.

Esto significa que puedes ver personas o cosas sin tener que estar cerca de ellos. Estas visiones involucran al ojo de la mente y no hay ojo físico. Los pasos para realizar la meditación de visualización son los siguientes:

- Encuentra un lugar silencioso en el que estés solo o sin interrupciones por el tiempo que necesites para tu práctica de meditación. Es importante establecer el tiempo que quieres pasar meditando para asegurarte de tener una mejor probabilidad de éxito.
- Siéntate con las piernas cruzadas y con espalda recta, los brazos relajados a los lados y las manos descansando en el regazo. Esta postura te

ayudará a relajar tu cuerpo y a mejorar tu respiración y circulación sanguínea, lo que incrementa tu consciencia mental.

- Una vez que hayas logrado encontrar una posición cómoda, puedes comenzar a establecer una rutina de respiración profunda y relajada. Comienza inhalando profundamente para relajarte mientras proporcionas el oxígeno necesario para restaurar tu energía física y mental.

- Este paso es para los principiantes. Observa un objeto frente a ti, puede ser cualquier tipo de objeto y puede ser algo cercano para que sea más sencillo. Simplemente observa por un minuto, notando cada detalle.

- Cierra los ojos y comienza a visualizar el objeto que has observado. Permite a tu mente recordar todos los detalles que sean posibles, utilizando tu imaginación para recrear el objeto en tu mente con todos los detalles. Sin embargo, debes permanecer sentado, sólo moviendo tu mente.

- Una vez que hayas visualizado claramente el objeto elegido, puedes comenzar a visualizar otra cosa. Puede ser otro objeto de la habitación o incluso algo que está en otra parte. Por otra parte, también puedes visualizar a una persona, imaginando que estar en un lugar en el que tú elijas. No importa que elijas visualizar, el truco es visualizar el objeto o de la forma más detallada posible, incluso permitiéndote visualizar los alrededores.

- Lo siguiente es comenzar a notar los detalles específicos. Por ejemplo, puede ser la posición del objeto, si el cielo está nublado o soleado, características específicas o, si es una persona, el lugar en el que se encuentra, las acciones que realiza y su apariencia emocional. Todos estos detalles pueden ser importantes en términos de habilidad psíquica. Mientras que tu mente puede comenzar a utilizar la memoria para crear la visión de un objeto o persona, eventualmente va a conectar con el sujeto en tiempo real, permitiéndote observar el objeto con el ojo de tu mente y no con los sentidos físicos que no podrían detectarlo.

- Por último, pon atención a cualquier detalle específico que sobresalga. Si visualizas a una persona y ves que está teniendo un mal día, puedes llamarle por teléfono después y preguntarle qué tal vez tuvo su día. De nuevo, los primeros resultados pueden ser irregulares, pero, con el tiempo, vas a descubrir que tus observaciones se vuelven más y más acertadas, lo que te permite conectar con cualquier objeto o persona sin tener que dejar la comodidad de tu casa.

Cómo realizar la meditación psíquica

· · ·

La meditación psíquica es una forma de meditación que realmente permite a una persona aprovechar sus habilidades psíquicas. En especial, aprovecha la habilidad de una persona para ver, sentir y escuchar información a un nivel espiritual. Las imágenes, susurros, sensaciones y cosas similares se vuelven más y más regulares y pronunciados entre más practique la persona la meditación psíquica. Los pasos para realizar la meditación psíquica son los siguientes:

- Como con cualquier otra forma de meditación, el primer paso siempre es encontrar un lugar tranquilo que te ofrezca privacidad y soledad. Desconecta cualquier teléfono impositivo electrónico que pueda ser una fuente de distracción para asegurar un entorno lleno de paz y tranquilidad.

- Lo siguiente es sentarte en el piso, utilizando un cojín o un tapete, en una posición con las piernas cruzadas. Es muy importante que mantengas la espalda recta ya que esto incrementa el flujo del oxígeno y mejora la circulación sanguínea por todo el cuerpo. Tus brazos deben estar relajados a los lados y las manos descansando en las piernas.

- Una vez que hayas encontrado una posición cómoda, el siguiente paso es concentrarte en la respiración, asegurándote de que cada inhalación sea profunda, pero relajada, nada forzado. Conforme te concentras en la respiración, permite que su cuerpo se relaje y que tu mente esté libre de cualquier pensamiento o distracción.

- Después, cierra los ojos y comienza a observar imágenes, emociones, sonidos o impulsos que surgen de la nada. Al inicio, tal vez descubras que tu mente está llena de pensamientos e imágenes de tus actividades del día. Si este es el caso, tómate más tiempo para concentrarte en tu respiración y así liberar tu mente de cualquier ruido y distracción. Sin embargo, una vez que tu mente esté libre, cualquier imagen, sonido y cosas similares deben ser observadas y contempladas.

- Tómate el tiempo para considerar cada impulso que recibas, ya sea una sensación física, una reacción emocional, imágenes o palabras o cualquier otro tipo de información, no importa que tan aleatoria parezca. De hecho, entre más aleatorios sea, es más probable que sea de naturaleza psíquica y no un producto de tu imaginación. Si sientes una emoción, tómate el tiempo para considerar qué tipo de emoción es y qué es lo que puede estarla causando. Y quizás es una advertencia, tal vez es de otra persona o es alguien que está pensando en ti. Si ves la imagen de un amigo de un ser amado, contempla la imagen con cuidado. Pon atención a su estado de ánimo por sí necesitan tu amor y apoyo. Lo importante es que abras tu mente a cualquier cosa que llegues del reino espiritual. Repito, al inicio puedes tener problemas para diferenciar entre fragmentos de la imaginación y la voz de los guías espirituales. Sin embargo, con la práctica, la habilidad para reconocer las diferencias se habrá fortalecido, permitiéndote escuchar la voz del universo de forma clara, tanto como tu voz o la voz de alguien en el teléfono.

- Una vez que hayas terminado tu meditación, debes tomarte el tiempo necesario para reconectar con tu entorno inmediato. Esto va a cerrar tu mente a cualquier flujo constante de información que de otra manera te abrumaría en tu vida diaria. La mejor forma de lograr este objetivo es practicando una sesión breve de meditación consciente, lo que te ayudará a reconectar con tu entorno y regresar tu mente a sus funciones normales.

- Las dos cosas más importantes que debes recordar respecto a la meditación psíquica son que debes tener la mente abierta y ser paciente. Solamente al tener la mente abierta puede recibir información que estás buscando. Solamente al ser paciente puedes desarrollar tu habilidad al nivel que deseas. Todas las cosas que valen la pena merecen tiempo y dedicación, así que no te frustres si los resultados son lentos y erráticos. Con un poco de esfuerzo y paciencia comenzarás a lograr los resultados que deseas y, entonces, tus habilidades psíquicas van a llegar a niveles que nunca habías imaginado.

10

Intuición

Sı LE PREGUNTAS a la persona promedio si alguna vez ha tenido una sensación respecto a alguien, un lugar o una situación que resultó ser cierto, casi todas las personas dirán que lo han tenido. Este fenómeno es bastante común, pero suele ser e ignorado. Esto significa que sólo unos cuantos individuos se toman la tarea de descubrir la verdadera naturaleza de ese instinto.

La realidad es que la cuestión de la intuición es el lenguaje del alma. Es como el alma se comunica con la mente consciente e intelectual del individuo. Así como los pensamientos transmiten información física a la mente, la intuición transmite información no física a la mente, proporcionando información más allá de lo que pueden percibir los sentidos físicos. Comprender este lenguaje es la base para desarrollar la habilidad psíquica.

Qué es la intuición

. . .

Dependiendo de quién le preguntes, la intuición puede ser muchas cosas. Algunos consideran que es la fuente de conocimiento inherente, la habilidad para conocer algo sin tener información racional como base. Otros definen la intuición, la inspiración que permite a la persona reconocer oportunidades que el intelecto no proporciona. Al final, todas estas respuestas son diferentes, pero son correctas. La intuición es el lenguaje que el alma utiliza para proporcionar información a la mente.

Ya que la intuición tiene diferentes caras, ha tenido distintos nombres a lo largo de la historia. Hoy en día se le conoce más como instintos, aunque puede significar algo muy diferente a la intuición. Sin embargo, se utiliza para describir una sensación que sirve como advertencia.

La verdadera pregunta es cómo puede afectar la intuición a las habilidades psíquicas. Para comprender esto necesitas apreciar el valor del lenguaje. Si te cambias de país, hasta que no aprendas su lenguaje, todo lo que digan te va a sonar como palabras sin sentido, mientras que todo lo que tú digas será extraño para ellos. Aquí es donde aprender un idioma hace toda la diferencia.

Una vez que aprendas sus palabras podrás comprender todo lo que dicen y desarrollar la habilidad para comunicarte con ellos.

. . .

La misma relación existe entre la mente consciente y el alma. No importa qué tanto lo intente la persona, nunca será capaz de enseñarle al alma a hablar en términos lógicos y racionales. Por lo tanto, para comunicarse claramente con el alma, para comprender lo que el alma dice, es importante aprender el lenguaje de la intuición. Sólo entonces puedes tomar los sonidos, las imágenes y las sensaciones para transformarlas en los mensajes significativos que son. Cuando hayas dominado el lenguaje de la intuición te puedes comunicar con tu alma y con tus guías espirituales, lo que te permite recibir y transmitir información valiosa a través del tiempo y el espacio, lo que te da una gran ventaja en tu vida diaria. Por suerte, aprender el lenguaje de la intención es más sencillo que aprender un idioma hablado. Pero no lo subestimes, el lenguaje de la intuición puede tener un lenguaje muy complejo.

Quién tiene intuición

Todas las personas tienen intuición.

Cada ser vivo tiene el lenguaje del alma, ya que, en teoría, cada ser vivo posee un alma. Esto significa que todas las personas tienen la intuición a su disposición, ya sea que lo sepan o no. Además, algunos estudios han demostrado que los animales de incluso las plantas tienen niveles medibles de intuición. Sin embargo, si reconoces que el alma es la esencia de la vida, entonces todos los seres vivos deben tener un alma y, por lo tanto, intuición.

Lo que hace que la respuesta la pregunta quién tiene intuición sea tan compleja no es una cuestión de cantidad fija.- Cuando se trata de intuición, el valor es de naturaleza cambiante. Una buena forma de comprender esto es considerar la pregunta ¿quién tiene músculos? Todos tienen músculos ya que son una parte necesaria del cuerpo humano. Sin embargo, todos los músculos son diferentes y todas las personas tienen diferente potencial para el desarrollo de los músculos. Un niño no tiene el mismo desarrollo muscular que un fisicoculturista profesional. Ambos tienen músculos, pero en diferentes niveles y con diferente potencial. Incluso si el niño fuera al gimnasio y se ejercitada, tal vez nunca alcanzaría el mismo nivel que el fisicoculturista con su habilidad natural. Así es cómo funciona la intuición.

En pocas palabras, todos nacen con intuición, así como todos nacen con músculos.

Algunos tienen cierto potencial natural que les da una impresión más fuerte sin tener que intentarlo, mientras que otras personas tienen que esforzarse mucho más para desarrollar sus capacidades intuitivas. Además, aquellas que le dedican tiempo y esfuerzo diario para fortalecer su intuición se vuelven mucho más fuertes que aquellos que no. Esto quiere decir que estos dones son únicos para individuos específicos, incluso entonces deben ser fomentados para obtener los mejores resultados. El truco es descubrir el potencial inherente al respecto a la intuición y luego desarrollar el potencial al máximo.

Diferentes formas de intuición

Como ya hemos dicho, no todas las intuiciones son iguales. Por lo tanto, existen muchos lenguajes distintos del alma. Algunas personas pueden tener el don de la habilidad para ver cosas con el ojo de la mente, mientras que otros tienen una mejor habilidad para sentir las situaciones, tomando las decisiones correctas sin tener experiencia o conocimiento previo. Por suerte, estas formas de intuición se pueden organizar en unas cuantas categorías, lo que hace más fácil su comprensión. Aunque puede haber de seis o siete categorías distintas, dependiendo de la tradición, aquí vamos hablar de las cuatro más comunes. Estas cuatro formas se conocen como clarividencia, clariaudiencia, clarisentencia y clariconocimiento.

La clarividencia es la habilidad para ver claramente con el ojo de la mente. La clariaudiencia es el lenguaje de la intuición que se basa en el sonido y suele llamarse voz interna. La clariaudiencia es la segunda forma más popular de la intuición y la clarisentencia es probablemente la más común. La clarisentencia es cuando la intuición. Asume la forma de una sensación o un instinto. Por último, el clariconocimiento es la más rara de las formas de intuición y es cuando una persona tiene el conocimiento inherente de algo que antes no había experimentado.

. . .

Cómo desarrollar las habilidades intuitivas

Existen técnicas para desarrollar las habilidades intuitivas que son bastante directas y que requieren más que el esfuerzo usual para obtener los resultados deseados. Los siguientes ejemplos son unos cuantos de los métodos más comunes y efectivos para fortalecer los músculos intuitivos.

Una de las primeras cosas que una persona necesita ser para desarrollar sus habilidades intuitivas es entrar en contacto con su cuerpo. Suele ser bastante común que el ruido y el caos que llena la mente evita que el individuo escuche el mensaje que le está mandando su cuerpo. Algunas veces, el mensaje puede tomar la forma de una sensación, pero otras veces puede tomar la forma de palmas sudorosas, frecuencia cardiaca elevada, escalofríos o cualquier otro síntoma físico que pueda servir como advertencia. Para escuchar el mensaje que te está mandando tu intuición, debes comprobar tu estado físico todos los días, en especial cuando vas a tomar una decisión. También puede ocurrir de forma espontánea cuando tu cuerpo está reaccionando a algo que acaba de experimentar. La clave está en considerar todas esas veces que tu cuerpo reacciona de forma inesperada. Puede ser que tengas un patrón de conducta de advertencia, por lo que sería útil llevar un registro de estas sensaciones.

. . .

Lo mismo se puede decir respecto a tu voz interna. Si eres una de esas personas que escucha sentencias aleatorias, en especial advertencias o instrucciones, entonces es probable que tengas un sentido de la clariaudiencia. Para desarrollar esta habilidad, necesitas poner más atención a los mensajes que escuchas. Recuerda registrar cada cosa para encontrar los significados. También puedes escribir los eventos que ocurrieron en el día que pueden validar esas palabras. También podrá seguir las instrucciones de forma más certera conforme sientas mayor confianza.

Este ejercicio también te ayuda a distinguir tu voz interna de otras cosas que pueden ser producto de tu imaginación o recuerdos.

Por último, el método para fortalecer tus sueños. De nuevo, mantener un registro es uno de los mejores métodos para lograrlo. Cada mañana, escribe lo que hayas soñado, todo lo que recuerdes. Al inicio no vas a recordar mucho, pero conforme sigas practicando, vas a descubrir que recuerdas cada vez más. Además, la intensidad y la frecuencia de los sueños va a incrementar.

Escribir tus sueños te ayudará a diferenciar aquellos que son simples fantasías de los que son mensajes de tu intuición. Pronto descubrirás el mensaje que intentan comunicar.

11

Clarividencia, clariaudiencia, clarigusto, clariconocimiento y clarisentencia

EN EL CENTRO de las habilidades psíquicas están las cinco habilidades o down es principales. Estos son conocidos como las "claris": Clarividencia, clariaudiencia, clarigusto, clariconocimiento y clarisentencia. Ya hemos hablado un poco de ellas, pero vamos a profundizar en este capítulo para descubrir cómo desarrollar tus talentos psíquicos. Cualquiera habilidad psíquica puede ser ligada a una de las claris, lo que significa que cualquier persona con un talento psíquico puede identificar al menos una de estas habilidades. También explicaremos unos cuantos ejercicios y métodos para desarrollarlas.

Clarividencia

Es la habilidad para ver claramente con el ojo de la mente. Existen diferentes variaciones de clarividencia. Por ejemplo, algunas personas pueden ver eventos en las vidas de otras personas, imágenes que pueden ser advertencias positivas o negativas. La mayoría de las personas han experimentado la clarividencia alguna vez en su vida, aunque puede que no lo haya reconocido. Aquí es cuando tiene lugar la segunda forma de clarividencia en la que se debe a una persona en la mente con la que se va a encontrar en la vida real en un futuro inmediato. Existen muchos ejemplos de esta situación, ya sea por recordar a un viejo amigo o tener un sueño sobre lo que sucederá en el trabajo.

Otra forma de clarividencia es la habilidad de ver un lugar o evento antes de que ocurra. Al inicio, puede parecer una habilidad poco importante, pero puede tener implicaciones profundas. El mensaje detrás del fenómeno suele ser de validación para prepararte. Esto ayudará a tomar las decisiones correctas sin cada ocasión.

Aun así, aunque la mayoría de las personas tenga una experiencia clarividente, no significa que la clarividencia sea la habilidad personal de todo el mundo. La pregunta entonces es saber si es tu habilidad personal. La respuesta depende de dos cosas: frecuencia e intensidad.

Si has tenido muchas experiencias viendo a personas o eventos antes de que sucedan, entonces puedes tener la habilidad de la clarividencia. También es posible, si tus sueños son vividos o imaginas cosas en tu mente con mucha claridad.

· · ·

El primer paso para lograr desarrollar esta habilidad al máximo es practicar la meditación regularmente. Simplemente tienes que permitir que tu mente esté despejada al inicio y al final de cada día. Esto te ayudará a mantener disponible tu habilidad durante el día. Meditar al final del día te ayudará a tener mejores sueños al dormir.

Otra técnica para ayudar a desarrollar la clarividencia es tener un diario de sueños y visiones. Con el propósito de este ejercicio tiene dos ventajas. La primera es crear una sensación de confianza en tu habilidad para que le prestes más atención y aceptes los mensajes, y la segunda ventaja es incrementar la conexión con el ojo de la mente.

Clariaudiencia

Es la habilidad para escuchar con la mente, aunque no es una habilidad tan común como la clarividencia.

Es cuando puedes escuchar algo que no se puede escuchar en el mundo físico. Por lo General, el sonido será una voz que dice palabras, números o mensajes como si fueran un susurro. Por desgracia muchas personas ignoran estos momentos como trucos de la imaginación o del viento. Sin embargo, son importantes. Si escuchas una voz que sabes que no está en tu entorno físico, deberías poner atención.

· · ·

Otra forma de clariaudiencia es cuando la voz toma la forma de una persona. A veces, el mensaje no se trata de las palabras, sino de la persona que los dice. Por lo tanto, si crees que escuchaste a una persona específica, como la de un ser amado, puede ser que la persona esté pensando en ti en ese momento o que necesite tu ayuda. Algunas veces, este evento simplemente puede predecir un encuentro con esa persona en particular. Tienes que encontrar el significado del mensaje y contactar a la persona durante el día para no dejar pasar el evento.

Cuando se trata de determinar si es clariaudiencia, los elementos son los mismos a los de la clarividencia. Por ejemplo, la frecuencia, la claridad y la regularidad con la que escuchas voces. El siguiente paso sería desarrollar tu habilidad todo lo posible. Por suerte, se pueden utilizar las mismas técnicas para desarrollar y fortalecer la clariaudiencia.

Lo primero es practicar regularmente la meditación.

Después de todo, si tu mente está llena de ruido, no será capaz de escuchar nada más. Sin embargo, cuando tu mente está libre, vas a escuchar claramente con tu oído interior. Lo siguiente es llevar un diario para registrar cada encuentro. Al inicio podrán parecer cosas falsas, pero después de un poco de práctica tu oído podrá concentrarse mejor.

Clarigusto

. . .

Tal vez, el fenómeno menos conocido es el clarigusto, que significa la habilidad para saborear algo sin tenerlo en la boca. Al inicio, esta habilidad puede parecer completamente inútil, pero, el sentido del gusto en conjunto con el olfato han demostrado ser los sentidos responsables de desencadenar los recuerdos de una persona. Esto puede ser muy efectivo cuando se trata de conectar con los seres amados. La noción de un alma que continúa cuidando a aquellos que siguen vivos es una creencia común en casi todas las tradiciones humanas. Ya que no se pueden comunicar con el lenguaje tradicional, las almas necesitan otra forma de comunicación. Ya que el sabor puede evocar recuerdos poderosos, es una forma excelente para comunicarnos.

El lenguaje del clarigusto no está restringido para los muertos. Puede ser igual de efectivo para conectar con personas que siguen vivas. Si recuerdas el sabor de la comida de tu madre, puede ser que ella esté pensando en ti en ese momento, lo que hace que experimentes un sabor que te recuerde a ella. Otra opción es que ella necesite tu ayuda. Al final el lenguaje del gusto es un poco vago a la hora de proporcionar un contexto claro. Por lo tanto, es una habilidad que necesita ser desarrollada con mucho cuidado.

Una forma de mejorar tu habilidad es mantener un registro de todos los sabores que vienen a tu mente de la nada. Junto al sabor, escribe el nombre de la persona a la que te recuerda o al evento con el que lo ha socios. En otras palabras, si descubres que hay muchas entradas sobre la comida de tu Madre, tal vez sea bueno llamar lago visitarla.

Clariconocimiento

Se trata del conocimiento claro y es probablemente una de las habilidades más útil es, ya que permite a la persona saber una cosa sin haberla experimentado antes. De hecho, esta habilidad suele asociarse con el concepto de la intuición.

Algunas veces, este conocimiento se presenta en la forma de inspiración o imaginación, haciendo que la persona parezca un genio. Otras veces puede tomar la forma de conocimiento oportuno como saber la dirección indicada en cierto momento. Al final, se trata de saber cosas más allá de lo que perciben los sentidos físicos. Esto le da a la persona un atisbo al mundo que lo rodea, permitiéndole llegar a niveles a los que pocos de nosotros llegamos.

Existen diferentes maneras en las que se puede manifestar el clariconocimiento. Una manera que no es muy deseable es un pensamiento molesto que no desaparece. Puede ser una señal de advertencia sobre algo que no está bien del todo. Aunque no puedes saber de qué se trata en ese instante, sabes que hay algo más allá de lo evidente.

Esto puede llegar a confundirse con la clarisentencia, ya que pueden traslaparse. Sin embargo, el clariconocimiento va más allá porque permite saber la respuesta.

Algunas personas se refieren a esto como el proceso de germinación, en el que la semilla de una idea crece dentro del individuo hasta producir la respuesta al problema.

Un buen ejemplo de esto es el caso de un mentiroso. Las personas suelen reconocer a un mentiroso porque su intuición les dice que hay problemas con la historia que cuentan. Otra opción en la que el clariconocimiento toma forma es por medio de pensamientos aleatorios que parece no estar relacionados, aunque demuestran ser significativos en el futuro inmediato. Esto puede ser cerrar la ventana antes de dejar la casa aunque sea un día soleado o cocinar un plato extra.

Es muy fácil determinar si eres una persona con esta habilidad. Todas las personas que tienen el clariconocimiento tienden a apreciar la resolución de problemas.

Además, estas personas tienden a analizar las cosas con mucho cuidado, proporcionando la perspectiva necesaria para tomar la mejor decisión en cada ocasión.

Desarrollar el clariconocimiento es, más que nada, cuestión de confiar. La mayoría de las personas con esta habilidad ya tienen pensamientos claros, el problema es que no siempre actúan conforme a esos pensamientos porque no hay una razón lógica. No obstante, suele pasar que estos pensamientos prueban ser verdaderos casi inmediatamente. Quizás resulta que ese día soleado termina con un aguacero o que llega una visita inesperada a casa.

La mejor manera de confiar más en tu habilidad es tener un diario de tu habilidad en el que registres los pensamientos que has tenido durante el día, aunque ayer se ha actuado acorde a ellos o no.

Por desgracia, habrá ocasiones en las que no serás capaz de probar el valor de seguir tu intuición. Después de todo, no hay forma de saber lo que pasaría al actuar de otra manera. Por eso, la mayor prueba suele ser que, cuando no sigues tu intuición, resulta en pasar por una mala experiencia.

Clarisentencia

Se trata de sentir de forma clara. Esta es una de las cualidades más fáciles de reconocer y desarrollar. La clarisentencia es la habilidad física de sentir las cosas en determinada situación. Las sensaciones tienden a ser más malas que buenas, ya que la mayoría de las habilidades psíquicas sirven de advertencia para ayudar a protegernos del daño o para tomar decisiones. Por lo tanto, aprender a reconocer las veces en las que tienes estos episodios puede ser muy útil para mejorar tu vida diaria y mantenerte a salvo.

Una de las maneras más sencillas para determinar si tienes el don de la clarisentencia es considerar cómo respondes cuando conoces por primera vez a las personas.

Si te dejas engañar fácilmente por personas falsas, entonces es muy probable que no tengas este don. Sin embargo, si eres de las personas que tiene un presentimiento cuando conoce a alguien y que es muy diferente de su apariencia exterior, entonces es más probable que tengas estabilidad. Por lo general, esta sensación es negativa, ya que te advierte de los posibles peligros.

Los presentimientos y los instintos pueden ser causados por la intuición o por otras razones que tienen que ver con tu bienestar físico. Por eso, debes estar atento al contexto de tus sensaciones para reconocer si tienen otra explicación. Casi siempre vas a obtener una respuesta inmediata. Después de todo, tu intuición no quiere engañarte, sino protegerte.

Sin embargo, ni la clarisentencia es mucho más significativa, puedes estar seguro de que tu mente te va a alertar del peligro. Después de todo, el objetivo es llamar tu atención.

. . .

El truco para reconocerlo es despejar tu mente y aceptar la primera cosa que venga a tu mente cuando estás en ese estado. Tal vez tengas la imagen de una persona o de un evento o, o simplemente tengas una sensación respecto a una persona. Tomarse el tiempo para prestar atención a estas sensaciones es el primer paso para fortalecer esta habilidad. Entre más sincronizado estés con tus emociones y sensaciones, más fuerte serán y ocurrirán con mayor frecuencia.

El siguiente paso es registrar los eventos en un diario.

Solamente estudiando tus emociones y las circunstancias que las rodean podrás comprender mejor su origen y significado. También es una excelente manera de ser capaz de distinguir una condición intuitiva de una condición fisiológica. Además, al registrar las ocasiones en las que tienes un mal presentimiento sobre alguien, después podrás darte cuenta del peligro. Al final, no puede subestimar el poder de un diario. Por otra parte, algunas personas que no registran sus habilidades disfrutan de todo el potencial de su habilidad. Así que, si quieres desarrollar tu habilidad, lo más importante es tener un diario en el que registre es los eventos y luego revisarlo para aprender las lecciones que contiene.

12

Telepatía

Deriva de una palabra griega que significa lejos de la percepción. La telepatía es un don psíquico que permite a la persona percibir los pensamientos y emociones de alguien más. También se le conoce como leer mentes.

Esta habilidad suele ser bastante común y se asocia con las personas que tienen una relación muy cercana, como los hermanos o los esposos. Aunque las parejas pueden desarrollar las habilidades de telepatía en conjunto y está limitado a sus propios pensamientos y emociones, también es posible que un individuo desarrolle esas mismas habilidades para captar los pensamientos y emociones de las personas que le rodean y de las que están más lejos. En este capítulo vamos explorar la ciencia detrás de la telepatía y cómo fortalecer estas habilidades.

. . .

Comprender la verdadera naturaleza de la telepatía

Lo primero que se necesita para comprender la telepatía es que no es una habilidad para meterse en la mente de cualquier persona y ver sus pensamientos como si fuera un libro. Más bien, se trata de un fenómeno que se basa en la percepción o en la habilidad de sentir los pensamientos de alguien más. A veces, esto puede parecer que son los pensamientos propios, mientras que otras veces del origen de un pensamiento particular y es más obvio.

Sin embargo, el resultado siempre será el mismo, ya que el pensamiento se vuelve un pensamiento de aquel que percibe. Por lo tanto, la telepatía se puede considerar la habilidad de compartir pensamientos, tanto en términos de mandar como de recibir pensamientos de otras personas.

La forma en la que se manifiestan estos pensamientos es diferente para cada persona, ya que se determina por las funciones mentales del individuo. Para alguien que tiene clariaudiencia, por ejemplo, los pensamientos pueden llegar en la forma de voces. Para alguien que tiene la habilidad de la visualización puede llegar informado de imágenes.

Cuando dos personas tienen mentalidades similares y comparten pensamientos, el resultado puede ser mucho más claro. Por suerte, ambas personas no necesitan tener cualidades mentales similares, simplemente es algo que mejora la experiencia.

Cómo desarrollar las habilidades telepáticas

La mayoría de los ejercicios requeridos para desarrollar las habilidades telepáticas son los mismos que se necesitan para desarrollar cualquiera habilidad psíquica. Esto se debe a que la naturaleza fundamental de todas las habilidades psíquicas es más o menos la misma, es decir, la habilidad para acceder a los sentidos internos y comprender los mensajes de aquellas sensaciones. Por lo tanto, aunque algunos de los ejercicios pueden ser redundantes, siguen siendo importantes. Cuando practiques estos ejercicios con atención y tus habilidades comenzarán a desarrollarse de manera significativa. A continuación, explicaremos unos cuantos ejercicios que te ayudarán a aprovechar y a fortalecer tus habilidades telepáticas:

Meditación

Para acceder a las habilidades psíquicas, debes tener el control de tu mente, en especial la cantidad de ruido y distracciones. Así como es difícil escuchar cuando habla una persona en un cuarto ruidoso, igual es difícil escuchar tu voz interna cuando hay mucho ruido en tu mente. Por lo tanto, se recomienda practicar la meditación de relajación de forma regular, ya que esto te permite desarrollar una conexión más profunda con tu voz interna. Además, la meditación consciente es una buena práctica para desarrollar las habilidades telepáticas, ya que este tipo de meditación está diseñado para fortalecer tu habilidad de concentración en un solo pensamiento o idea el tiempo suficiente para comprenderlo. Para mejores resultados, se recomienda que se practiquen ambas formas en conjunto, comenzando con la meditación de relajación.

La última forma de meditación que necesitas desarrollar es la visualización. Esto te ayudará a fortalecer tu habilidad para ver objetos, personas, eventos o ideas con mayor claridad y convicción. Ya que sólo los pensamientos fuertes se comunican bien, debes pensar claramente si quieres mandar a tus pensamientos a otra persona. Sólo los pensamientos fuertes pueden llegar lejos y ser escuchados.

Yoga

Se recomienda práctica del yoga y meditación relajante para despejar tu mente y lograr un estado relajado, necesario para conectar con dos habilidades psíquicas interiores. Además de lograr un estado relajante en tu mente, el yoga tiene muchos beneficios fisiológicos que te ayudan a mejorar tus habilidades telepáticas. Uno de estos beneficios es una mejor circulación sanguínea al cerebro. Al estirar los músculos liberar la tensión que reduce la circulación que transporta oxígeno y en el cuerpo. Entre más sangre reciba tu cerebro, más oxígeno obtiene, el cual es vital para actividades como el pensamiento, la memoria y la visualización. El yoga se puede practicar en conjunto con la meditación o por sí solo. Lo importante es integrar el yoga a tu vida diaria para tener mayor éxito a la hora de desarrollar cualquiera habilidad psíquica.

Práctica uno a uno

Ya que la telepatía requiere un mínimo de dos participantes, esta es una habilidad psíquica que puede desarrollar con la ayuda de otra persona. Aunque puedes elegir a cualquier persona para este ejercicio, se recomienda que te ayude a alguien con una mente abierta a la telepatía o, lo que sería mejor, que tenga algo de experiencia con la comunicación telepática. Si eliges a una persona que no quede en el proceso, tus resultados serán afectados.

Una vez que encuentres a una pareja adecuada, el siguiente paso es realizar algunos ejercicios que les ayuden a aprovechar las habilidades telepáticas. Uno de los mejores ejercicios es el juego de adivinar la carta que el otro sostiene. Siéntate frente a la otra persona y que tu pareja elija a una carta del mazo. Deja que observe la carta por unos diez segundos, que se concentre en lo que ve. Mientras observa la carta, despeja tu mente de todo pensamiento o, manteniendo la mente abierta para recibir su mensaje. Lo siguiente es ir un paso a la vez. No comiences intentando ver cuál es exactamente la carta.

Primero comienza con el color. Puedes hacer preguntas.

Si ves el color rojo en tu mente, pregunta si la carta es roja. Después, intenta ver si es una carta con un número o con un rostro. Este es uno de los elementos más importantes, por lo que será una parte significativa del mensaje.

Si no logras ver una cara, pregunta si es un número.

Luego puedes proceder a reducir las opciones. Con el tiempo, conforme progreses, verás que los resultados mejoran.

Otro ejercicio utilizando el mismo patrón es invertir los roles, dejando que tú seas quien envíe el mensaje. Deja que la otra persona escuche tus pensamientos sobre la carta que tienes. No estás intentando adivinar la carta ni intentas ser médium ni clarividente. Lo que estás intentando es escuchar el mensaje que la persona te está mandando o mandar el mensaje a la otra persona. Actúa como el emisor te ayudará a fortalecer tu habilidad para visualizar, lo cual te puede ayudar a ver las imágenes que te está mandando la otra persona. Por lo tanto, practica regularmente con ambos roles, aprovechando la oportunidad para desarrollar ambas habilidades.

13

Ser médium

La MEDIUMNIDAD ES una de las formas más complejas de las habilidades psíquicas que consiste en muchas variaciones. Se suele confundir con las habilidades psíquicas generales, pero es una habilidad muy rara dentro de la comunidad psíquica. Comparado con las otras formas de práctica psíquica, la mediumnidad funciona más de cerca con el reino espiritual. Esto se debe a que la naturaleza del médium requiere al menos un guía espiritual para realizar sus actividades. En este capítulo vamos a explorar el fascinante mundo de los médiums, y también hablaremos de si tienes lo necesario para practicar la mediumnidad.

Comprender las diferencias entre un médium y un psíquico

Uno de los malentendidos más grandes sobre las habilidades psíquicas es que todas son iguales. Por supuesto, esto no es verdad. Como ya hemos explicado, un psíquico es alguien que tiene sentidos internos muy fuertes, similares a los sentidos psíquicos, pero no requieren un acceso físico. Más o menos, y estas son todas las similitudes. A partir de ahí, cada práctica psíquica tiene su propia forma y requerimientos, lo que hace que sea indicada sólo para un número selecto de personas con habilidades psíquicas.

La mediumnidad es el mejor ejemplo de esta dinámica.

Aunque esta práctica requiere de las cinco claris, tiene una dimensión adicional que la separa de las otras disciplinas. Esta dimensión es la necesidad de un guía espiritual. La mayoría de las otras actividades psíquicas se pueden realizar de forma individual sin ayuda de otra entidad. En contraste, el médium requiere de otra entidad, lo que hace que haya una relación, más que una mera práctica.

La naturaleza de esta relación se puede explicar mucho mejor con el nombre. La raíz se define como un canal o un medio de comunicación. Por lo tanto, una persona que es un médium actúa como una radio virtual que transmite un mensaje.

Esto no quiere decir que todos los mensajes sean verbales, sino que pueden presentarse como adivinación, escritura automática y otras tantas formas de comunicación. Al final, la más importante en notar que el médium no es el origen del mensaje, sino que simplemente es el mensajero.

. . .

Los diferentes tipos de mediumnidad

Lo que hace que la mediumnidad sea tan compleja son las varias formas que asume son muy diferentes, y que no todos los médiums son capaces de practicar cada forma.

La forma más popular en términos de cultura actual es la mediumnidad física. Esto suele representarse en las películas cuando un médium entra en trance y puede levitar una mesa. La realidad es muy diferente. Los médiums físicos practican formas que les permiten obtener información sobre problemas actuales o importantes. La adivinación puede ser un ejemplo de esta práctica. Aunque se puede practicar la adivinación en teoría, la mayoría tienen que se necesita una guía espiritual para una lectura acertada. Por lo tanto, la relación entre el espíritu y el médium es que le permite leer las cartas del tarot o las runas.

El truco está en que el individuo se somete al espíritu para que éste actúe a través de él o ella. Sólo entonces puede darse la comunicación.

Otra forma de mediumnidad es la espiritual. Esta forma requiere de las cinco claris. Aunque el médium puede elegir entrar en un estado de trance para lograr su objetivo, esto no siempre es necesario. En su lugar, una persona simplemente puede despejar su mente para permitir que entre el mensaje.

Lo importante es que el médium pueda dejar de lado los pensamientos y emociones personales para permitir que el mensaje del espíritu entre claramente. Esta es una de las razones por las cuales ser un médium es más raro que las otras actividades psíquicas. Se requiere y el mayor nivel de claridad y control para comunicarse efectivamente con los espíritus.

El siguiente tipo de mediumnidad es la de curación. Esto suele ser una persona que posa sus manos en un individuo enfermo o con problemas, por lo que manda energía sanadora al individuo y permite que se recupere de su aflicción. Aunque esto puede parecer una sanación psíquica general, la principal diferencia es que el practicante requiere de otra entidad espiritual que actúa como fuente de energía.

No sólo es la energía del médium la que trabajan, sino que también trabaja la energía del espíritu guía, el daño que él o el universo que viaja a través del médium hacia la persona afligida. Este fenómeno se puede observar en muchas tradiciones chamanes en las que un hombre sanador que analiza una energía sobrenatural para sanar a una persona. El vudú es otra forma tradicional que se practica de forma regular.

El último tipo de mediación es la mediumnidad canalizadora. De cierta manera, es como las otras formas ya explicadas, pero la principal diferencia es que el espíritu contactado está limitado a sólo unos seleccionados. En otras palabras, un médium canalizadora sólo se comunica con espíritus específicos, de forma similar a como un profeta se comunica con un ser superior. Los médiums canalizadores suelen ser mensajeros autoproclamados de entidades específicas. Estas entidades suelen ser seres superiores como ángeles o incluso una deidad suprema.

También pueden ser entidades de otra dimensión por reino existente. Al final, los médiums canalizadores son elegidos por los guías espirituales para realizar ciertas funciones o dar mensajes específicos. Probablemente, este es el tipo de mediumnidad más raro y el más subestimado porque no se puede comprobar la información.

¿La mediumnidad es adecuada para ti?

Existen muchas señales cuando se trata de identificar a un medio innato. Una de estas señales es la habilidad para sentir los cambios de energía de un lugar determinado.

Tal vez sientas un cambio de temperatura o un cambio en la densidad del aire sin ninguna razón aparente. Si esto te sucede regularmente, eso puede indicar tu habilidad para sentir a los espíritus que están presentes. Además, si ves imágenes o escuchas mensajes al mismo tiempo que sientes cambios en el entorno, esto sugiere claramente que puedes sentir a los espíritus y que te puedes comunicar con ellos fácilmente.

Otra señal es ver cosas en la periferia de tu mirada. Estas actividades periféricas suelen ser desestimadas como trucos visuales o sombras. Sin embargo, también es posible que sean señales de que reconoces la actividad espiritual en tu entorno.

Cualquier cambio de energía produce una anomalía visible que puede ser demasiado sutil para nuestros ojos.

Sin embargo, la visión periférica puede detectar esas anomalías porque la mente no está tan concentrada o no filtra las señales que provienen de esa parte de los ojos. Por lo tanto, si ves movimiento en tu visión periférica, incluso si no hay nada físico, tal vez estás viendo la energía de los espíritus a tu alrededor.

Escuchar mensajes que luego resultan ser verdad es otra señal de que tienes capacidades de médium. Aunque la clariaudiencia no siempre es el resultado de guías o entidades espirituales, puede ser una de las principales maneras en las que los espíritus eligen comunicarse con un médium. Esto se debe adquirir el oído es Edith segundos sentido más fuerte cuando se trata de recibir información. Ya que los espíritus no se pueden ver con el ojo físico, la mente está más abierta a escuchar a los espíritus. Por lo tanto, antes de que comiences a pensar que estás loco porque escuchas cosas, considera la posibilidad de que eres un médium innato.

Cómo desarrollar tus habilidades de médium

Si sientes que la mediumnidad es tu forma de habilidad psíquica, entonces, el siguiente paso es fortalecer tus habilidades. Por suerte, existen unos cuantos métodos para lograrlo, y que se pueden implementar en tu vida diaria. Uno de los métodos más importante es involucrarse en prácticas que permitan tener una mente despejada en cualquier momento. La meditación y el yoga son los principales ejercicios que te ayudan a perfeccionar la claridad mental.

Otra buena práctica es crear un ritual que te ayude a estar en el humo y que te permita cerrar el acceso cuando quieras terminar tu comunicación con el mundo espiritual. Este ritual puede tomar cualquier forma, por lo que no tengas miedo a ser creativo y expresivo. Elige el lugar, las actividades y las palabras que funcionan mejor para ti.

Puedes elegir algo de incienso para concentrar tu mente en el momento presente mientras que él le pides a los espíritus que te ayuden a escuchar y comprender su mensaje. Después de la sesión, puedes apagar el incienso y comenzar la meditación consciente, ayudándote a concentrarte en tus alrededores físicos.

Quizás el paso más importante para mejorar tus habilidades es practicar la comunicación con las guías espirituales. Cualquier médium tenderá al menos un guía espiritual específico con el que habla. Comienza a hablar con tu guía espiritual como si fuera una persona normal.

Platica de las cosas que piensas, tanto buenas como malas.

Haz preguntas de toda clase y luego escucha la inspiración que te proporcionan. Si eres un médium innato vas a obtener respuestas inmediatas. La comunicación con tu espíritu o no siempre tiene que ser sobre trabajo, simplemente puedes platicar. Preguntar su nombre es otra forma excelente de comenzar la comunicación. Una vez que hayas escuchado su nombre, úsalo cuando hables con él o ella, ya que esto ayudará a fortalecer su relación. Sin embargo, hay una advertencia. Intenta limitar la comunicación verbal cuando estés en privado, no querrás que las otras personas piensen que estás loco. Conforme vayas mejorando, podrás internalizar las conversaciones, por lo que podrás hablar con tu guía espiritual en cualquier momento y en cualquier lugar.

14

Psicometría

Esta es la habilidad para obtener información específica sobre un objeto con sólo sostenerlo. Una persona con habilidades psicométricas puede sostener una moneda o un papel y ver dónde ha estado. Se puede realizar con cualquier objeto, incluyendo ropa, muebles e incluso edificios. La premisa básica detrás de esta habilidad es que un objeto absorbe cierta cantidad de energía de cada persona y eventos con el que se encuentra, de forma similar a una huella dactilar.

Por lo tanto, tiene recuerdos de cada persona y evento, y una persona con habilidades psicométricas puede acceder a estas memorias, por lo que obtiene vistazos del pasado.

En este capítulo vamos a explicar los elementos específicos de la psicometría, incluyendo sus usos, si es la habilidad adecuada para ti y las formas de fortalecer esta habilidad.

. . .

Qué es la psicometría

La palabra significa medida del alma. Esta definición puede tener dos significados. Por una parte, puede venir de la raíz "psyche", lo que puede ser referencia al que es una habilidad psíquica que se realiza con otro sentido no físico. Por otra parte, también puede indicar que aquellos que se está midiendo es la energía del objeto mismo. En esencia, esto sugiere que se accede al alma del objeto o lugar en particular, así como la telepatía accede a la mente de otra persona. Al final, la persona con habilidades psicométricas puede leer la energía que contiene un objeto.

Una forma de visualizar esto es imaginar que cada persona que toca un objeto deja una pequeña cantidad de energía en ese objeto, de forma similar a cuando se dejan huellas al tocar un objeto. Y, al igual que las huellas sirven para identificar a una persona, lo mismo sucede con la energía residual en el objeto.

Esto es más evidente en objetos que son usados regularmente por la misma persona. Además, los objetos asociados con eventos específicos, como equipo militar o de deportes, pueden poseer energía del evento.

. . .

Una persona con habilidades psicométricas puede ver las imágenes contenidas en el objeto, por lo que puede ver toda su historia. Sin embargo, aquí es donde puede volverse peligroso. Objetos como las armas o lugares como los hospitales y prisiones pueden contener energía residual de naturaleza negativa. Por eso es importante elegir los objetos con mucho cuidado. Además, se sabe que entre más intensa sea la situación, más energía se crea, por lo que los objetos pueden tener imágenes más claras de eventos negativos, ya que estos suelen crear energía más intensa.

Cómo saber si la psicometría es lo indicado para ti

Cuando se trata de determinar si tienes habilidades para la psicometría, en este ejercicio puede ser algo negativo.

La razón es que la mayoría de las señales de las habilidades psicométricas son desagradables, ya que suelen causar molestias a las personas.

Un ejemplo puede ser sentirse abrumado cuando estás en una tienda de antigüedades. Una persona con habilidades psicométricas tiende a sentirse deprimido incluso ansioso en lugares como esos. Esto se debe a que la energía residual en los objetos abruma los sentidos.

Otra forma de saber si tienes habilidades psicométricas es si te sientes triste en edificios viejos. Lugares como hospitales, prisiones y cosas por el estilo con energía negativa causan un impacto de inmediato. Sin embargo, si lugares ordinarios como casas viejas, estaciones de tren o incluso edificios restaurados te causan depresión, fatiga o ansiedad, entonces es probable que tengas habilidades psicométricas.

No sentirse cómodo usando ropa de segunda mano, muebles viejos o tener problemas similares con cualquier cosa que haya sido utilizada antes es una señal clara de las habilidades psicométricas.

La sensación que tienes de los lugares viejos o los objetos no siempre tiene que ser negativa. Esto se debe a que en el corazón de la psicometría se encuentra la empatía. Por lo tanto, cuando una persona empática puede controlar la información que recibe, puede evitar el impacto negativo de lugares como tiendas de antigüedades.

Las personas empáticas no se sienten abrumadas con la energía que las rodea. En vez de sentirse estresadas o fatigadas, simplemente sienten la energía, pero no dejan que les afecte.

Las habilidades de psicometría pueden servir para comprobar que los objetos antiguos realmente sean antiguos, como para evitar falsificaciones de pinturas u objetos antiguos. Otra aplicación en la vida real sería ayudar a encontrar los dueños de objetos perdidos que no contienen información visible del dueño. También debes saber que tiene sus limitaciones.

Cómo desarrollar las habilidades psicométricas

La mejor forma de mejorar las habilidades psicométricas es con la práctica. Por suerte, el proceso para realizar lecturas psicométricas es bastante directo y requiere sólo cinco pasos. Esto significa que puedes practicarlo en cualquier momento, en cualquier lugar y tan seguido como quieras. A continuación, los pasos básicos para una lectura psicométrica:

1. Lava y seca tus manos antes de manipular un objeto. Esto remueve la suciedad y la energía residual que puede interferir con la lectura. Si no puedes lavar tus manos en ese momento, simplemente limpia tus manos en los pantalones lo suficiente como para deshacerse de los residuos del objeto anterior.

2. Frota tus manos entre ellas unos diez segundos. Esto va a generar de energía en tus palmas y dedos. Entre más energía tengas en tus manos, más fácil será absorber la energía del otro objeto. Una buena forma para saber si estás listo para sostener el objeto es separar las manos 1 centímetro. Si puedes sentir una sensación de cosquilleo o resistencia al apartar las, entonces sabes que se ha generado la energía que

necesitas. Si no sientes nada, frota las manos por otros diez segundos y vuélvelo a intentar.

3. Sostén el objeto en tus manos. Si eres principiante, se recomienda que comiences con un objeto que haya sido usado diariamente, como unos lentes, un cepillo o unas llaves. No saber quién es el dueño también te ayuda a prevenir que tu mente recuerdes cosas de la persona. Esto va a asegurar que la imagen que veas en tu mente sea un resultado objetivo.

4. Cierra los ojos y relájate. Imagina que estás esperando a que el objeto te hable. Escucha lo que te dice, despeja tu mente y concéntrate en lo que sea que estés viendo o escuchando. Deja que el objeto hable. Entre más callada esté tu mente, más probabilidades tienes de hacer una lectura exitosa. Tal vez quieras respirar profundamente unas cuantas veces para ayudar a relajarte y a poner atención al momento.

5. Sé receptivo. Un error de principiantes es rechazar las imágenes que creen que no tienen sentido. Recuerda que no tienes idea de los lugares en los que este objeto ha estado, así que acepta las imágenes como un hecho. Además, siempre debes asegurarte de la primera imagen que viene a tu mente. Esta será la más acertada porque tu mente no ha tenido la oportunidad de juzgar la imagen o de alterarla. Conforme sigas practicando, vas a desarrollar una mente más receptiva, una que acepta cualquier cosa que ve

y escucha sin dudar. Entonces serás capaz de realizar esta tarea con confianza.

Al inicio, tus resultados serán algo aleatorios, siendo más o menos acertados. Sin embargo, conforme sigas practicando, vas a descubrir que aumenta tu nivel de certeza y llegando a lograr resultados acertados casi siempre. Quizás algo muy importante que debes recordar es que la habilidad de la psicometría es para disfrutarse, así que diviértete.

15

Sanación

La sanación es otra habilidad psíquica, una que poseen miles de personas en todo el mundo. Por desgracia, pocas de estas personas son conscientes de este don y aún menos personas saben cómo fortalecer y utilizar su poder. En este capítulo vamos a hablar de las diferentes formas de sanación psíquica y que son una parte del mundo de la medicina holística. Además, vamos a hablar de sí eres un sanador in a todo y de cómo fortalecer esta habilidad.

¿Qué es la sanación psíquica?

Algunas personas prefieren la medicina espiritual, una que acude al poder sanador de la energía.

Los tratamientos físicos curan a la persona desde el exterior; en contraste, la sanación psíquica cura desde el interior, sanando al individuo desde la raíz del problema, no solamente tratando los síntomas. Este sistema es trabajado en una simple verdad: la salud física, mental y emocional de una persona es afectada por la condición de su energía. Cuando las energías de una persona están fuera de balance o bloqueadas, el resultado es una enfermedad física y emocional. Por lo tanto, la sanación psíquica es la práctica en la que se restaura el balance y el flujo apropiado de las energías de la persona, por lo que es el cura toda enfermedad y sufrimiento al solucionar la causa a nivel espiritual.

Existen muchas formas de sanación psíquica, cada una con sus métodos y técnicas propias para lograr la salud y el bienestar total. Mientras que algunas personas se enfocan en canalizar la fuerza de vida del universo a la persona para recargar sus energías, otra perspectiva más precisa es concentrarse en el rol de los chakras y su desempeño en lo que respecta a producir y mantener la energía. En consecuencia, se pueden utilizar muchas herramientas y prácticas, cada una de una tradición específica. Es muy importante descubrir si tienes las habilidades requeridas para la sanación psíquica, pero también es necesario descubrir exactamente qué tipo de sanación psíquica es la indicada para ti.

Señales de que eres un sanador psíquico

Al igual que con todas las habilidades psíquicas, todos tienen el potencial de lograr cierto nivel en esta habilidad.

. . .

Sin embargo, aquellos que carecen de las habilidades inherentes tienen problemas para producir resultados. Por lo tanto, no es una habilidad que se recomiende para cualquiera. Es una que debe ser fomentada por individuos que demuestran las cualidades necesarias para atraer y canalizar las energías sanadoras de forma significativa. Por suerte, las señales de estas cualidades son fáciles de identificar. La siguiente lista de señales determinar si tienes las características de un sanador innato:

1. Tiendes a sentir mucha empatía por los demás.
2. Las personas cercanas a ti tienden a mantener una buena salud.
3. Las personas tienden a confiar en ti y para contarte sus problemas y aflicciones.
4. Los niños y los animales se sienten a salvo a tu alrededor, incluso cuando son asustadizos con los demás.
5. Prefieres pasar tiempo solo en entornos pacíficos.
6. Eres muy sensible a los sentimientos y asesoramiento de los demás.
7. Tus sueños comunican mensajes respecto a enfermedad o sanación en tu cuerpo.
8. Deseas ayudar y curar a los demás de cualquier forma posible.
9. Prefieren pasar tiempo en la naturaleza, lejos del bullicio de la humanidad.
10. Prefieres escuchar a los demás en vez de hablar.
11. Tienes mucho interés en la espiritualidad y has

experimentado situaciones de despertar en ocasiones.

12. Las medicinas no le afectan de la misma forma que a los demás.
13. Tienes sanadores en la familia.

Si te identificas con seis o más de estas señales, es probable que seas un sanador innato. El siguiente paso es de identificar los diferentes tipos de sanación para saber cuál es el camino que debes seguir para desarrollar tus habilidades.

El rol de la energía en la sanación psíquica

Como ya hemos mencionado en capítulos anteriores, la energía tiene un papel muy importante en términos de enfermedades y de sanación psíquica.

Al comprender la importancia de la energía puedes comenzar a desarrollar tus habilidades y desarrollar el tacto ganador que deberías tener.

La enfermedad y las molestias son causadas por un desbalance de la energía en el individuo. A veces, este desbalance puede ser el resultado de un trauma físico; sin embargo, es más frecuente que sea el resultado de un trauma emocional o espiritual. El estrés, por ejemplo, puede afectar la eficiencia de los chakras, reduciendo así el flujo de energía dentro del cuerpo de la persona. Esto tiene como consecuencia cosas como músculos adoloridos, bajos niveles de energía física y mayor probabilidad de enfermar. En vez de tratar los síntomas con medicinas y tratamientos tradicionales, los sanadores psíquicos saben la mejor manera de restaurar el balance y el flujo de energía dentro del paciente, lo que hace que se restaure la habilidad natural para eliminar la enfermedad.

La forma principal en la que se restaura la energía del paciente L es canalizando las energías sanadoras dentro de su cuerpo. Esto puede tener dos formas. Primero, el sanador puede utilizar su propia energía, a la que suele llamarse chi o prana, para ayudar a mejorar los niveles de energía del paciente.

And mandar sus propias energías al paciente, el sanador puede restaurar su energía a un nivel en el que se sienta en un estado de salud y bienestar normal. La desventaja de esta técnica es que el sanador se desgasta si tiene que transferir mucha energía o tratar varios pacientes en el mismo periodo. En consecuencia, el sanador debe recargar sus propias energías entre las sesiones para asegurar su propio bienestar.

La segunda forma de sanación con energía es canalizar la energía sanadora del universo. De cierta manera, funciona como una extensión que conecta al paciente con la fuente de energía para restaurar su salud y bienestar. Esta forma no absorbe la energía del sanador, lo que significa que no desgasta sus niveles de energía en el proceso. Además, algunas técnicas hacen posible que el paciente canalice la energía por sí mismo, de forma que actúa como su propio sanador.

Formas comunes de sanación psíquica

Así como hay diferentes especialidades dentro del campo médico, también existen diferentes tipos de sanación psíquica. Cada uno de los tipos se puede clasificar en tres categorías. El primero se conoce como sanación espiritual.

Es cuando el sanador invoca las energías del universo para que entren al cuerpo del paciente, restaurando así sus niveles de energía y recuperando su salud. Un ejemplo de la sanación espiritual es el Reiki, una técnica japonesa de sanación, en la cual el sanador que analiza la energía chi del paciente. Algunos practicantes colocan sus manos directamente en el paciente, mientras que otros la dejan a unos centímetros.

Otra forma de sanación espiritual es el uso de cristales para restaurar los niveles de energía. Esta práctica se concentra en la restauración de la energía de los chakras, o Lisandro un cristal asociado con el chakra específico. Esto ya lo hemos explicado en capítulos anteriores. La ventaja de esta práctica es que el sanador no necesita actuar como canalizador de energía, por lo cual no se desgasta. Además, puede realizar el acto de sanación por sí mismo.

. . .

La segunda categoría de sanación psíquica es la sanación pránica. Esta forma incorpora las fuerzas de vida del sanador, conocido como ki, chi o prana. En esta técnica, el sanador utiliza su propia energía. Un ejemplo de esta sanación es la sanación quantum. El sanador utiliza técnicas específicas para incrementar su propio prana, lo que le permite proporcionar la energía necesaria al paciente.

Las técnicas de respiración, de consciencia del cuerpo y consciencia especial de las diferentes frecuencias de energía son necesarias para permitir que el sanador sepa qué energías necesitar restaurar y cómo incrementar esas energías.

La tercera categoría es la sanación mental. En esta, el senador utiliza su propia mente para diagnosticar y tratar al paciente. De cierta manera, es casi como una sanación telepática, en la que el sanador acude al subconsciente del paciente para determinar la naturaleza de la enfermedad y luego utilizar su mente para detectar el proceso de sanación. Cuando se hace correctamente, el sanador puede darle al paciente las instrucciones para mejorar utilizando sus habilidades telepáticas. Es la más rara de las tres categorías y requiere mucha intuición, telepatía y clarividencia.

Otros dos métodos de sanación se concentran en la corrección del flujo de energía. Estas son las formas chinas de sanación conocidas como acupuntura y acupresión. La acupuntura es la práctica en la que se utilizan agujas especiales para extraer la energía negativa que bloquea el flujo de energía saludable en todo el cuerpo.

Se concentra en los catorce meridianos del flujo de energía, descubriendo dónde se ubican los bloqueos y liberando esos bloqueos con las agujas. Aunque esta práctica parece dolorosa, el paciente casi no siente las agujas. Más bien, siente la liberación de la tensión que restaura el flujo de energía apropiado en el cuerpo.

La acupresión funciona de forma similar, excepto que utiliza presión en vez de agujas. El sanador utiliza sus dedos para aplicar presión a las partes afectadas del cuerpo, liberando así la tensión y restaurando el flujo de energía apropiado en el paciente. En ambos casos, el sanador debe tener la intuición necesaria para saber dónde están los bloqueos y cómo liberarlos. Estos tratamientos son diferentes porque el sanador no manda energía al paciente; sino que libera la energía del paciente.

Cómo desarrollar las habilidades de sanación psíquica

Cuando se trata de desarrollar las habilidades de esa nación, la mejor forma de lograrlo es con la práctica. Por supuesto, el primer paso es determinar qué tipo de sanación psíquica es la mejor para ti. Para lograrlo, es mejor encontrar practicante de cada disciplina y hablar con ellos sobre tu deseo de volverte un sanador.

Estas personas saben lo que hace falta para realizar cada forma específica de sanación, por lo que podrán decirte si eres apto. Además, te van a volver su aprendiz y te enseñará lo que necesitas saber. Si tienes problemas para progresar en una disciplina en particular, tal vez necesitas intentar con otra. Eventualmente encontrarás la que es buena para ti y comenzarás a aprender y desarrollar las técnicas de sanación que son indicadas para ti.

Conclusión

EL POTENCIAL DEL chakra del tercer ojo y de la glándula pineal está más allá de nuestra imaginación. Ser capaz de aprovechar incluso una pequeña parte de este potencial es algo que de verdad deberías considerar. Todos somos naturalmente aventureros y curiosos. Queremos descubrir cosas nuevas, visitar nuevos lugares y experimentar cosas únicas. No decimos a nosotros mismos que estamos satisfechos viviendo vidas normales viviendo como todos los demás, pero, en el fondo, cada uno de nosotros desea ser diferente.

Todos nuestros deseos se pueden hacer realidad al descubrir y explorar el inmenso reino espiritual que existe dentro de nosotros mismos.

Por medio de nuestro ojo interior podemos volvernos únicos y cambiar nuestras vidas, ya que nos volvemos nuestro ser más elevado y comprendemos nuestro propósito en la vida.

· · ·

Ahora que has leído este libro tienes todas las herramientas necesarias para identificar y desarrollar tus habilidades psíquicas. Ya sean que seas un sanador, un clarividente o un médium innato capaz de canalizar mensajes de las almas fallecidas, puedes comenzar a aprovechar sus habilidades para que puedas utilizarlas para llevar una vida de maravillas y propósito. Además, al seguir las instrucciones de meditación y prácticas generales para mejorar tu bienestar mental y físico, vas a mejorar tus niveles de energía. Esto te ayudará a reducir el estrés, a mejorar tus niveles de energía y proporcionarte la paz mental que mereces. Por último, una vez que hayas desarrollado la habilidad para despejar tu mente de las molestias diarias, serás capaz de acceder al reino espiritual de formas que nunca creíste posibles.

Ya sea viendo el futuro, escuchando los pensamientos de tus seres amados o incluso hablando con los guías espirituales, vas a descubrir tus habilidades y talentos que trascienden la realidad física llevando tu experiencia de vida a un nuevo nivel.

Si has elegido este camino interno de la sabiduría, el conocimiento y una inmensa paz y felicidad interior, felicidades. Te deseo la mejor de las suertes en tu viaje de exploración y desarrollando tus habilidades psíquicas.